Kein Alkohol für Fische unter 16

Rainer Dresen
Anne Nina Schmid

Kein Alkohol für Fische unter 16

Die skurrilsten Gesetze, Klagen & Urteile

Bassermann

MIX
Papier aus verantwortungsvollen Quellen
FSC www.fsc.org
FSC® C014496

Verlagsgruppe Random House FSC-DEU-0100
Das für dieses Buch verwendete FSC®-zertifizierte Papier *München Super extra* liefert Arctic Paper Mochenwangen GmbH.

ISBN: 978-3-8094-2699-8

Umschlaggestaltung und Grafiken: Atelier Versen, Bad Aibling
Titelfindung: Namestorm, München
Projektleitung: Anja Halveland
Herstellung: Sonja Storz

Die Ratschläge in diesem Buch sind von den Autoren und vom Verlag sorgfältig erwogen und geprüft, dennoch kann eine Garantie nicht übernommen werden. Eine Haftung der Autoren bzw. des Verlags und seiner Beauftragten für Personen-, Sach- und Vermögensschäden ist ausgeschlossen.

Druck und Bindung: GGP Media GmbH, Pößneck

Printed in Germany

817 2635

Vorwort

Jeder glaubt zu wissen, was einen typischen Juristen ausmacht. Sei es, weil man schon einmal die Dienste eines Anwalts in Anspruch nehmen musste, sei es, weil man als Zeuge vor Gericht stand, sei es vielleicht auch nur, weil man Rechtsanwälte und Richter aus dem Fernsehen kennt oder weil man selber zu dieser Berufsgruppe gehört. Juristen, so meint man, sind penibel, korrekt und kleinlich. Vor allem aber scheinen sie absolut spaßfrei zu sein.

Das aber ist nur die halbe Wahrheit. Juristen können auch anders. Da die Normalfälle des Lebens sich meist abseits der Gerichte auch ohne Zutun der Juristen erledigen, sind es oft die ungewöhnlichen und nicht selten komischen Begebenheiten, mit denen sie sich von Berufs wegen beschäftigen.

Mit Rücksicht auf Mandanten, Kollegen oder Vorgesetzte, die Seriosität bei der Fallbearbeitung und Problemlösung erwarten, sollte bei der Ausübung des juristischen Berufs aber nur selten gelacht werden. Deshalb benötigen Juristen andere Kanäle für ihren Humor, nicht wenige betätigen sich in der Freizeit als Kabarettist oder Schriftsteller*. Oder sammeln kuriose Klagen, Urteile, Gesetze und Rechtsbegriffe aus dem In- und Ausland und veröffentlichen sie als Buch**.

So ging es auch uns beiden. Als angestellte Rechtsanwälte in einem Medienunternehmen haben wir im Laufe unseres Berufslebens von vielen kuriosen Begebenheiten gehört und manche sogar selbst erlebt. Davon, von ungewöhnlichen Klagen, Urteilen, Gesetzen und Begriffen, soll dieses Buch handeln.

* Schriftsteller

Der Begriff des Schriftstellers hat folgende Voraussetzungen:
1. Er muss schreiben,
2. er muss für die Öffentlichkeit schreiben,
3. es muss sich bei dem Geschriebenen um den Ausdruck eigener Gedanken handeln, mögen sich diese auch auf rein tatsächliche Vor-

gänge beziehen. Es ist nicht erforderlich, dass das Geschriebene einen wissenschaftlichen oder künstlerischen Inhalt hat. Der Schriftsteller braucht weder ein Dichter noch ein Künstler noch ein Gelehrter zu sein. (Entscheidungen des Bundesfinanzhofs BFHE 67, Seite 115)

** Buch

Ein Buch ist eine in einem Umschlag oder Einband durch Heftung oder Klammerung zusammengefasste Anzahl von bedruckten, beschriebenen oder leeren Papierblättern oder Bogen. (Franzen/Wallenfels/Russ, Kommentierung zu § 2 Buchpreisbindungsgesetz, Anmerkung 2, 5. Auflage)

Die Autoren

Anne Nina Schmid ist Rechtsanwältin und Verlagsjustitiarin, aufgewachsen als Landarzttochter in Reit im Winkl, der Heimat von Maria und Margot Hellwig und Rosi Mittermaier. Damit sind auch schon drei der Gründe genannt, weshalb Frau Schmid weder singt noch Ski fährt. Frau Schmid absolvierte stattdessen diverse Praktika in Medienunternehmen, unter anderem beim „Playboy", wobei Frau Schmid Wert auf die Feststellung legt, dass sie nur im redaktionellen Bereich eingesetzt war. Ihren aktuellen Job als Verlagsjustitiarin verdankt sie Dieter Bohlen. In diesem Zusammenhang legt Frau Schmid Wert auf den Hinweis, dass die beiden sich nicht persönlich kennen. Frau Schmid hatte allerdings als Verlagsanwältin mit den zahlreichen Gerichtsverfahren zu tun, die der Verlag um Bohlens Skandalbiographie „Hinter den Kulissen" führen musste.

Rainer Dresen ist ebenfalls Verlagsjustitiar. Als solcher kümmerte er sich um die rechtliche Unbedenklichkeit der Autobiographien prominenter Zeitgenossen wie Udo Jürgens, Boris Becker, Peter Maffay, Gloria von Thurn und Taxis, aber auch der Klitschko-Brüder oder Daniel Küblböck. Er streitet sich gerne und mitunter auch erfolgreich mit Leuten wie Günter Grass oder Gerhard Schröder, sofern sie mit Erwähnungen in Büchern des Verlags nicht einverstanden sind. Als Anwalt vertrat er den Kabarettisten Dieter Hildebrandt im Titelstreit um die Nutzung der Bezeichnung „Scheibenwischer"; sein dort gepflegter juristischer Schreibstil wurde von Benjamin von Stuckrad-Barre als „schönste Anwaltsprosa" bezeichnet. Dresen veröffentlicht im Südwest Verlag unter dem Titel „Beim nächsten Om wird alles anders" ein Buch über seine Erlebnisse als ein Mann, der jüngst seine Yogabegeisterung entdeckt hat.

Kuriose Fälle aus der ganzen Welt

Der alltägliche Wahnsinn

Das große Rechtsquiz

1. Was bezeichnet die Aufstoßgeschwindigkeit?

a) die schnelle Abfolge von Nebengeräuschen des Verdauungsvorgangs
b) das Tempo des Aufpralls von Unfallfahrzeugen
c) die Mindest-Atemstärke für das ordnungsgemäße Funktionieren eines Alkotest-Gerätes

2. Was ist ein Akteneinlauf?

a) eine vor allem in Beamtenkreisen bekannte S/M- Praktik
b) Beamtenjargon für „Maßregelung durch den Vorgesetzten"
c) der Erhalt des täglichen Akteneingangs in deutschen Behördenstuben

3. Was bezeichnet eine Amtslöschung?

a) das gesellige Beisammensein anlässlich des Ausscheidens eines Beamten aus dem Dienst
b) einen Feuerwehreinsatz in Behörden
c) das Entfernen von Angaben in behördlichen Registern

4. Was ist ein Summeninteresse?

a) Berechnungsmethode eines Schadensersatzanspruchs
b) Rechtfertigung eines Verstoßes gegen die Lärmschutzverordnung
c) mengenmäßiger Rabatt bei der Strafzumessung

5. Was sind Akzidentalien?

a) verbotene Zusatzstoffe in getreidehaltigen Nahrungsmitteln
b) beliebte südeuropäische Ferienregion
c) Nebenabreden bei einem Rechtsgeschäft

6. Was ist ein Anwaltsvergleich?

a) Methode der einvernehmlichen Beendigung eines Rechtsstreits
b) beliebtes Gesprächsthema unter Juristengattinnen
c) mittlerweile verbotene Internet-Plattform zur Bewertung von Anwälten (vergleichbar mit spick-mich.de)

Auflösung: 1 b), 2 c), 3 c), 4 a), 5 c), 6 a)

Störungen im Arbeitsverhältnis

Die Vielfalt menschlicher Beziehungen im Arbeitsverhältnis spiegelt sich nicht zuletzt in den Entscheidungen der Arbeitsgerichte wider:

Tritt in den Hintern, wörtlich genommen

Aus einem Urteil des Landesarbeitsgerichts Düsseldorf: „Der Tritt ins Gesäß einer unterstellten Mitarbeiterin gehört auch dann nicht zur betrieblichen Tätigkeit eines Vorgesetzten, wenn er mit der Absicht der Leistungsförderung geschieht."

Heilen oder Einsargen?

Der Kläger war als Krankenpfleger in einem Krankenhaus angestellt. Er wollte zusätzlich eine Nebentätigkeit als Leichenbestatter und damit einhergehende Bestattertätigkeiten (z. B. Trauergespräche, Einsargungen, Überführungen, Bürotätigkeit) im Umfang von mindestens fünf Stunden in der Woche ausüben. Sein Arbeitgeber hatte ihm die erbetene Gestattung mit dem Argument verweigert, dass dadurch berechtigte Interessen des Dienstgebers erheblich beeinträchtigt würden. Die Nebentätigkeit sei mit der Tätigkeit des Klägers als Krankenpfleger nicht zu vereinbaren. Das Bundesarbeitsgericht lehnte die erbetene Nebentätigkeitsgenehmigung ebenfalls ab. Die Tätigkeit als Krankenpfleger diene der Rettung und Erhaltung von Leben und Gesundheit der ihm anvertrauten Patienten. Damit sei eine Nebentätigkeit als Bestatter, die das Ableben der Menschen voraussetze, nicht zu vereinbaren. Eine solche Nebentätigkeit könnte Irritationen bei Patienten zur Folge haben. Dieser Gefahr müsse sich das Krankenhaus als Arbeitgeber in seiner Verantwortung für die Genesung ihrer Patienten nicht aussetzen.

Sado-Maso-Pfleger fesselt nur privat zum Spaß

Das war der evangelischen Kirche dann doch zu viel: Ein Angestellter einer vom Diakonischen Werk betriebenen Klinik war in einer Fernsehtalkshow zum Thema „Ich liebe zwei Männer" aufgetreten und hatte sich dort auch zu von ihm bevorzugten sadomasochistischen Sexualpraktiken geäußert. Daraufhin erhielt er eine Kündigung. Er war als Pfleger auf einer geschlossenen psychiatrischen Station beschäftigt. Argument seines Arbeitgebers: Es sei zu befürchten, dass er medizinisch gebotene Fesselungen von Patienten nicht mit der gebotenen Sachlichkeit betreibe. Der Krankenpfleger selbst argumentierte, sowohl sein Sexualverhalten als auch der Fernsehauftritt seien schließlich seine Privatsache.
Vor Gericht bekam er recht. Es sei nicht zu befürchten, dass ein Mitarbeiter, der gewisse sexuelle Praktiken ausübe, die von den „gesellschaftlich allgemein akzeptierten sexuellen Betätigungen abweichen", eher zu Distanzverletzungen gegenüber den Patienten neigen solle als solche Mitarbeiter/innen, die „sich im Rahmen des gesellschaftlichen Akzeptierens sexuell betätigen". Da der Krankenpfleger bis dahin seine Arbeit stets ohne Beanstandung ausgeführt hatte, erklärte das Gericht die Kündigung für unwirksam. (Arbeitsgericht Berlin)

Nach Dienstschluss kann der Chef ungestraft ignoriert werden

Ist es ein Kündigungsgrund, wenn man in der Freizeit den Chef nicht grüßt? Das kann doch nicht sein, dachte sich ein Außendienstmitarbeiter und ließ die Frage vor Gericht entscheiden. Was war passiert? In einem Unternehmen hatte es zwischen dem Geschäftsführer und einem seiner Außendienstmitarbeiter offenbar einige Bemerkungen gegeben, die dem Mitarbeiter nicht ganz gepasst hatten. Als die beiden sich in der Folge privat und in Anwesenheit weiterer Personen bei einem Waldspaziergang begegneten, grüßte der Mitarbeiter seinen Chef demonstrativ nicht. Kurz darauf kam die Kündigung. Diese wurde hauptsächlich mit der Neuorganisation des Betriebes begründet, wodurch der Posten des Angestellten in Zukunft wegfalle, aber auch damit, dass das Nicht-Grüßen des Geschäftsführers missachtend und beleidigend gewesen sei. Das Landesarbeitsgericht Köln aber wollte die Verweigerung des Grußes hier nicht als Kündigungsgrund anerkennen und sprach fast ein „Recht auf Schmollen" zu: „Durch das Verweigern des Grußes nach einem Personalgespräch können Arbeitnehmer ihre Verärgerung oder Verstimmung anzeigen, ohne damit eine Ehrverletzung zu bezwecken." Und wenn den Arbeitgeber dies störe, dann könne er ihn ja „zu einem weiteren Personalgespräch bitten und ihn daran erinnern, dass bei allem Verständnis für die aktuellen Gefühle des Arbeitnehmers doch die üblichen Umgangsformen gewahrt werden sollten".

Polizist oder Rapunzel?

Uniformierten Polizisten darf nicht vorgeschrieben werden, ihre Haare in Hemdkragenlänge zu tragen. Das hat das Bundesverwaltungsgericht im Jahr 2006 in Leipzig entschieden. Vorausgegangen war dem Urteil folgende Geschichte: Nachdem das Innenministerium des beklagten Landes bestimmt hatte, dass eine deutlich über den Hemdkragen reichende Haarlänge bei männlichen uniformierten Polizisten mit dem korrekten Erscheinungsbild der Polizei nicht vereinbar sei, wurde einem Polizeibeamten von seinem Vorgesetzten aufgegeben, seine Haarlänge entsprechend anzupassen. Dagegen klagte er – und bekam nach mehreren Instanzen schließlich vom Bundesverwaltungsgericht recht. Dort war man nämlich der Meinung, dass zwecks angemessener Repräsentation des Staates und der Aufrechterhaltung von Ansehen und Akzeptanz des öffentlichen Dienstes zwar durchaus Vorgaben für das äußere Erscheinungsbild von Beamten denkbar seien. Allerdings müsse man dabei offen bleiben für einen „erkennbaren Wandel der Anschauungen". Und genau ein solcher Wandel habe sich mittlerweile bei der „Gestaltung" von Männerhaaren ergeben. Lange, deutlich über den Hemdkragen reichende Haare könnten nicht mehr generell „als unseriös oder extravagant" angesehen werden.

Der falsche Pfaffe

Zu Höherem berufen fühlte sich wohl ein Herr gesetzteren Alters (78) während eines Kuraufenthalts. So stellte er sich dem ortsansässigen katholischen Pfarrer als „Pater Michael“ vor und erzählte von seiner früheren Missionarstätigkeit im heutigen Simbabwe. Im Glauben, einen Ordensgeistlichen vor sich zu haben, lieh der Pfarrer dem Angeklagten Messgewand und Stola und ließ ihn aktiv an Messfeiern teilnehmen.
Ein Hinweis im Amtsblatt der Erzdiözese Freiburg enttarnte den falschen Pater dann allerdings: Er verfügte nämlich gar nicht über das „Celebret“ (eine bischöfliche Bescheinigung, die es Priestern erlaubt, auch in fremden Diözesen die Heilige Messe zu feiern) und hatte sich schon früher zu Unrecht als katholischer Priester ausgegeben. Zwar hatte er eine Priesterweihe erhalten, dies aber vom „Metropoliten einer Freikatholischen Kirche“ – nicht aber wie erforderlich durch einen geweihten Bischof.
Der Verstoß gegen das Gebot „Du sollst nicht lügen“ kam „Pater Michael“ nicht ganz billig zu stehen, er wurde wegen unbefugten Tragens kirchlicher Amtskleidungen zu insgesamt 600 € Strafe verurteilt.
(Oberlandesgericht Karlsruhe)

Himmlisches Läuten und andere Lärmbelästigungen

Mit Pauken und Trompeten abgewiesen

Eine Nachbarin des örtlichen Doms in Verden hat gegen die dort erklingende und zu ihrem Leidwesen auch nach außen dringende Orgel- und Chormusik mit dem Argument geklagt, dass sie die Klänge als penetrant, traurig, dröhnend und deprimierend empfinde. Ob im Garten oder beim Lesen, die Musik „reißt mich einfach runter, da kann ich nicht fröhlich empfinden", sagte sie vor Gericht. Orgel und Posaunen würden ihr selbst dann zusetzen, wenn sie zu Ohropax greife. Instrumente sollten nur noch so laut gespielt, Chorstücke nur noch so verhalten geprobt werden, dass kein Ton nach außen dringt. Das Landgericht Verden hat die Klage abgewiesen. Die Musik bleibe in ihrer Lautstärke unter den Grenzwerten und falle überdies unter die verfassungsrechtlich zugesicherte Religionsfreiheit, begründete der Vorsitzende Richter das Urteil. Sie könne deshalb schon objektiv nicht unterbunden werden. Bei ihrer Entscheidung berücksichtigte die Zivilkammer überdies, dass die Klägerin bereits 1972 in die direkte Nachbarschaft des Doms gezogen war und davon ausgehen musste, dass Kirchenmusik dort ortsüblich ist. (Landgericht Verden)

Heilig oder profan?

Um Kirchenglocken schwingen immer wieder Rechtsstreitigkeiten. Gegen das „liturgische Glockengeläut" scheint kein Kraut gewachsen: Ruft die Gemeinde mit Glocken zum Gottesdienst, dann darf sie das in der Regel fast ohne Einschränkung tun, denn das ist Teil der verfassungsrechtlich geschützten freien Religionsausübung. Liturgisches Glockenläuten ist danach keine schädliche Lärmemmission, sondern eine zumutbare, sozialadäquate und allgemein akzeptierte Äußerung kirchlichen Lebens.

Anders sieht es aus, wenn die Glocken die Zeit schlagen. Dann handelt es sich um profane Emmissionen, für die Bundesverwaltungsrichter oft wenig Verständnis zeigen und verlangen, dass die Grenzwerte der technischen Anleitung Lärm eingehalten werden. In der Nacht dürfen demnach maximal 60 Dezibel erreicht werden. Alles Darüberhinausgehende sind schädliche Umwelteinwirkungen, die nach Art, Ausmaß und Dauer geeignet sind, erhebliche Belästigungen herbeizuführen.

Bimmeln gehörte zum Handwerk

Jahrzehntelang gehörte Bimmeln für ihn zum Handwerk, doch als er die Soutane ablegte, konnte ein französischer Priester den Lärm nicht mehr ertragen und verlangte ewige Ruhe. Er zog für den Ruhestand fort aus Paris und kaufte im 800-Seelen-Dorf Clessé bei Mâcon das Pfarrhaus – unmittelbar neben der romanischen Kirche aus dem elften Jahrhundert. Vergeblich verlangte der Priester zunächst vom Bürgermeister, das Geläut zwischen 22.00 Uhr und sieben Uhr morgens, das stündliche Läuten und den Angelus um 11.30 Uhr zu untersagen. Schließlich forderte er 60.000 € Schadensersatz. Doch er scheiterte vor dem Verwaltungsgericht Dijon: Das Geläut sei nicht so laut und erfolge auch nicht derart häufig, dass es die öffentliche Ruhe stören könne, urteilte das Gericht. Zudem hingen die Dorfbewohner sehr am Klang der Glocken, und die Gemeinde stufte ihn als wichtig fürs Dorfleben ein.

Hells Bells

Glocken etwas anderer Art hörte ein Mann während des Besuchs eines Heavy-Metal-Konzerts und erlitt infolgedessen einen Hörsturz. Das Gericht verurteilte den Konzertveranstalter hier wegen der zu extremen Lautstärke zwar zu einer Schadensersatzzahlung von 800 €, sprach aber auch aus, dass den Musikfreund eine 20%ige Mitschuld treffe: Der Gute hatte sich immerhin auf die Bühne und dort mit seinem Kopf zwischen die Verstärkerboxen begeben. (Landgericht Trier)

Flughafenlärm beendet Anwaltsehe: Gattin flüchtet samt Drillingen

Ein 60-Jähriger aus Hillsborough, einer kleinen Stadt in der Nähe des Flughafens von San Francisco, hat den Flughafen, Dutzende Fluggesellschaften, darunter auch Lufthansa und Air France, Flugzeughersteller und Immobilienmakler verklagt. Er will mit 15 Millionen Dollar entschädigt werden. Als Begründung verweist er darauf, dass seine Frau ihn im vorigen Jahr nach dreizehn Jahren Ehe mit ihren Drillingen wegen des Flughafenlärms verlassen habe. „Wenn die Flugzeuge starten, hört es sich an, als wenn Bomben einschlagen", äußert er sich in der Klageschrift. Im Frühjahr 2003 hatte er mit seiner Familie ein Haus für knapp 1,5 Millionen Dollar in Flughafennähe erworben. „Mit der Ehe ging es gleich nach dem Einzug in das Haus abwärts", so der Kläger, der Anwalt von Beruf ist.

Böse Diskriminierungen

„Altweibersommer“ vor Gericht Oder: Beleidigt vom deutschen Wetterdienst

Eine 1911 geborene Frau wollte per Klage erreichen, dass der Begriff „Altweibersommer“ künftig in keinem vom Deutschen Wetterdienst gefertigten Wetterbericht mehr verwendet werden darf. Sie sah sich durch diese Bezeichnung persönlich sowohl im Hinblick auf ihr Geschlecht als auch ihr Alter diskriminiert: Das Wort „Weib“ werde schon immer in einem abfälligen Sinne gebraucht, und zudem bringe der Begriff „altes Weib“ zum Ausdruck, dass man gar keine richtige Frau mehr sei.

Die Bundesrepublik Deutschland als Betreiberin des Dienstes und deshalb Beklagte sah das etwas anders. Der Begriff „Altweibersommer“ sei bereits seit Jahrhunderten fest im deutschen Sprachgebrauch verankert. Ursprünglich noch eine Bezeichnung für die im Herbst bei schönem Wetter umherfliegenden Spinnweben, wurde er dann später übertragen auf die Benennung einer Schönwetterphase. Gerade weil man damit mittlerweile eine trockene und heitere Wetterlage im Herbst verbinde, sei der Ausdruck mittlerweile sogar durchwegs positiv besetzt.

Die Klage wurde unter anderem auch deshalb abgewiesen, weil eine Beleidigung einen Angriff auf die Ehre des Beleidigten voraussetzt, und zwar durch Äußerung der Beleidigung gegenüber der betroffenen Person selbst. Dies sei durch das Vortragen der Nachrichten des Deutschen Wetterdienstes aber gar nicht möglich.

Und so schreibt das Gericht dann am Ende des Sachverhalts augenzwinkernd: „Mit am 02.02.1989, also an „Altweiberfastnacht“, verkündetem Urteil hat das Landgericht die Klage abgewiesen.“ (Landgericht Darmstadt)

„Heiße Doktor, heiße Doktora gar“?

Die Bezeichnung „Doktor“ im akademischen Titel einer Frau ist nicht diskriminierend. Dies urteilte ein Gericht in folgendem Fall: Eine promovierte Tiermedizinerin beantragte bei ihrer Universität, dass der ihr dort verliehene Grad eines „Doctor

medicinae veterinariae“ in die weibliche Form „Doctora medicinae veterinariae“ gewandelt werde. Diese Anpassung wäre würdig und angemessen und solle Frauen vor sprachlicher Verunglimpfung und Zurücksetzung schützen.
Die Universität erwiderte, dass die lateinische Sprache die gewünschte weibliche Endungsform auf „a“ bei dem Wort „doctor“ doch gar nicht kenne. Das Fehlen einer entsprechenden lateinischen Bezeichnung für Frauen erkläre sich aus dem Umstand, dass Frauen als Lehrende erst seit 1850 in Erscheinung getreten seien.
Das Gericht jedenfalls lehnte nach ausführlicher Auseinandersetzung mit der lateinischen Sprache im Wandel der Zeiten die Klage ab, da sich aus dem Hochschulrecht kein Anspruch darauf ableiten lasse, einen Doktorgrad abweichend von den Regeln der lateinischen Sprache zu verleihen.
Übrigens: Die korrekte Wortbildung im Falle einer Anpassung des Lateinischen an Gegenwartsbedürfnisse wäre wohl „Doctrix“ gewesen. Diese Bezeichnung lehnte die Klägerin jedoch ab, da sie sie im Hinblick auf Namen wie Asterix und Obelix der Lächerlichkeit preisgeben würde. (Verwaltungsgericht Hannover)

Augen auf im Straßenverkehr

Radl-Verbot für 30 Semester

„Laufen kann ich nicht mehr, da nehme ich doch das Fahrrad“, denkt sich so mancher Betrunkene. Dass Alkohol an der Lenkstange kein Kavaliersdelikt ist, zeigt folgende Entscheidung einer Führerschein-Behörde: Ein Student radelte von einer Party heim. Um vier Uhr morgens wurde er von einer Polizeistreife angehalten. 1,71 Promille ergab der Blutalkoholtest. Er musste eine Geldstrafe von 500 € bezahlen und wurde zur Medizinisch-Psychologischen Untersuchung (MPU) aufgefordert, dem sogenannten Idiotentest. Als er die Teilnahme daran verweigerte, wurde er dazu verdonnert, für 15 Jahre keine fahrerlaubnisfreien Fahrzeuge mehr auf öffentlichen Straßen zu führen.
Immerhin: Zu Fuß gehen und U-Bahn fahren darf er noch.

Zu weit aus dem Fenster gelehnt

Wer sich zu weit aus dem Fenster lehnt, ist offensichtlich nicht immer selbst daran schuld, wenn er dann aus selbigem hinausfällt. So entschied zumindest das Oberlandesgericht Karlsruhe in folgendem Fall:
Der Mitfahrer eines Pkws, der hinter dem Fahrer saß, verspürte offensichtlich eine Übelkeit, öffnete bei einer Geschwindigkeit von ca. 50 km/h sein Fenster und hielt sowohl seinen Kopf als auch gleich den ganzen Oberkörper hinaus. Dies ging aber nur so lange gut, bis das „brustwärtige Hinauslehnen und ein weiteres Herausarbeiten des Körpers durch die Fensteröffnung bis zum Abkippen des Körperschwerpunkts" zu „einer relativ niedrigen Sturzhöhe" führten (Zitat Sachverständiger). Nun schrieb sich der Gestürzte jedoch keineswegs selbst die Schuld an diesem Unfall zu, sondern verklagte den Fahrer, da dieser auf sein Herauslehnen hätte reagieren und anhalten müssen. Da er dies nicht tat, habe er gegen die Pflicht eines jeden Verkehrsteilnehmers verstoßen, sich so zu verhalten, dass kein anderer Verkehrsteilnehmer geschädigt werde. Ein solcher „anderer Verkehrsteilnehmer" sei schlicht auch jeder Insasse des eigenen Fahrzeugs.
Das Gericht gab dem Kläger Recht, unter anderem auch mit Verweis auf andere Urteile, wonach z. B. die Mitnahme eines erkennbar stark Betrunkenen auf dem Beifahrersitz als verkehrsgefährdend eingestuft worden war oder es als unzulässig erachtet wurde, dass der Fahrer einen jugendlichen Beifahrer im Auto Feuerwerkskörper entzünden (!) ließ.
Immerhin aber wurde auch dem Hinauslehner eine Schuld zugesprochen, sodass die Parteien sich den Schaden letztlich zu teilen hatten. Er nämlich hatte „in grober Weise gegen seine eigenen Interessen verstoßen und der Obliegenheit, sich nicht Selbstgefährdungen auszusetzen, zuwidergehandelt".

Geistige (Verkehrs-)Störung

Eine Verkehrsbegegnung eher unheimlicherer Art hatte ein Autofahrer, als ihm eine Mittfünfzigerin zunächst zweimal durch einen Kreisverkehr folgte, ihn dann überholte, um schließlich

grundlos vor ihm so stark abzubremsen, dass er ebenfalls anhalten musste. Anschließend sprach die Frau ihn in seinem Wagen an und sagte sinngemäß, dass sie ihn entlarvt habe, er gehöre zur Organisation!
Der Mann erstattete Anzeige, woraufhin die Frau von der Fahrerlaubnisbehörde aufgefordert wurde, ein ärztliches Gutachten eines Neurologen oder Psychiaters vorzulegen oder sich auf ihre Fahreignung untersuchen zu lassen. Möglicherweise sei sie aus gesundheitlichen Gründen nicht dazu fähig, ein Fahrzeug im Straßenverkehr sicher zu führen. Dem kam die Frau jedoch nicht nach, und die Behörde entzog ihr den Führerschein. Ihre empörte Klage gegen diese Ungeheuerlichkeit wies das Verwaltungsgericht Mainz jedoch ab.
Vielleicht gehörten die Richter dort ja ebenfalls „zur Organisation"...

Unangeschnallt durch den Schneesturm rasen – 100 Millionen Dollar?

Ein 33-jähriger Amerikaner fuhr mit seinem großen Geländewagen unangeschnallt und mit überhöhter Geschwindigkeit durch einen Schneesturm in Kansas. Dabei verlor er die Kontrolle über sein Fahrzeug, überschlug sich, wurde aus dem Wagen, dessen Dach einknickte, geschleudert und verletzte sich dabei tödlich. Seine Mutter verklagte den Automobilhersteller auf 100 Millionen Dollar Schadensersatz mit der Begründung, das Autodach sei zu dünn gewesen und deshalb gebrochen. Das Geschworenengericht wies die Klage mit der nahe liegenden Begründung ab, dass niemand außer dem Fahrer Schuld am Unfall habe, da das Dach allen Vorschriften entsprochen habe und der Kläger aus dem Wagen geschleudert worden war, bevor das Dach durch übergroße Beanspruchung einknickte. Zu dem Zeitpunkt war der Kläger bereits herausgeschleudert worden. Außergerichtlich hatte sich allerdings das ursprünglich ebenfalls mit dem pauschalen Vorwurf der „Fahrlässigkeit" konfrontierte Unfallambulanz-Unternehmen zu einer Zahlung von 100.000 Dollar bereit erklärt, um einen ungewissen Prozessausgang zu vermeiden.

Gebrauchsanweisung zum Anschnallen

Eine Amerikanerin verklagte den Autohersteller Mazda auf 150.000 Dollar Schadensersatz. Sie verletzte sich bei einem Autounfall, weil sie nicht angeschnallt war. Ihr Vorwurf: Sie habe nicht gewusst, wie man den Sicherheitsgurt bedient und sei vom Hersteller nicht entsprechend eingewiesen worden.

Automobilhersteller

1999 verurteilte ein Geschworenengericht in Los Angeles den Automobilhersteller General Motors zur Zahlung eines Schadensersatzes von 4,9 Milliarden Dollar an zwei Frauen und vier Kinder, die 1979 in einem Auto eingeschlossen waren und starke Verbrennungen hinnehmen mussten, nachdem der Benzintank ihres Autos infolge eines von ihnen unverschuldeten Auffahrunfalls Feuer fing. Der hohe Betrag entsprach exakt den Einsparungen, die der Hersteller dadurch erzielt hatte, dass er in jahrelanger Kenntnis der Feuergefahr auf den Einbau von feuersicheren Tanks in alle seine Modelle verzichtet hatte. Gegen dieses Urteil ist die Berufung noch nicht abgeschlossen.

Essen und andere Genüsse

Kirschstein des Anstoßes

Auch ein Hefeteilchen kann vor Gericht gezerrt werden, zumindest wenn es einen harten (Kirsch-) Kern hat. Ein Mann hatte beim Biss in einen sog. Kirschtaler auf einen darin eingebackenen Kirschkern gebissen und sich dadurch einen Eckzahn abgebrochen. Er erlitt erhebliche Schmerzen und konnte bis zur prothetischen Versorgung nur noch einseitig kauen. Daraufhin verklagte er die Konditorei, bei der er den Kirschtaler gekauft hatte, und bekam vom Gericht recht: Der Kirschkern sei ein Produktfehler im Sinne des Produkthaftungsgesetzes, da nur eine „Steinlosigkeit“ dem „Konstruktionsplan“ eines Kirschteilchens entspreche. Der Verbraucher dürfe erwarten, dass bei verzehrfertigen Lebensmitteln keine Verletzungsgefahr auf ihn lauere. Die Konditorei musste unter anderem 200 € Schmerzensgeld zahlen. (Landgericht Hagen)

Meister Lampes letzte Rache

Ganz anders ist die Rechtslage für denjenigen, der nicht auf einen Kirschkern, sondern versehentlich auf eine Schrotkugel beißt: So erging es einem Mann im Schwarzwald, der genüsslich im Restaurant ein Wildhasenfilet verzehrte und sich beim Biss auf ein noch im Hasen steckendes Schrotgeschoss eine Zahnfraktur zuzog. Das Gericht verurteilte den Lokalbesitzer hier zwar zu einer Schmerzensgeldzahlung in Höhe von 500 €, führte aber aus, dass auch den Gast selbst ein Mitverschulden von 25 % träfe, da die Möglichkeit der Existenz von Schrotkugeln in einem Wildgericht allgemein bekannt sei und der Verzehr mit entsprechender Vorsicht vorgenommen werden müsse.
(Amtsgericht Waldkirch)

Tabakkonzerne

§ 1998 endete ein Prozess von 46 US-Bundesstaaten gegen die vier größten US-Tabakkonzerne mit einem außergerichtlichen Vergleich, der vorsieht, dass die Tabak-Multis innerhalb der nächsten 25 Jahre nicht weniger als 206 Milliarden Dollar bezahlen sollen. Mit dieser Summe sollen den Bundesstaaten die Behandlungskosten für Raucherkrankheiten ihrer Einwohner ersetzt werden.

§ Ein Geschworenengericht in Portland (US-Bundesstaat Oregon) hat den Tabakkonzern Philip Morris 2001 zu einer Schadensersatzzahlung von 145 Millionen Dollar an die Familie eines an Lungenkrebs gestorbenen Kettenrauchers verurteilt. Die Geschworenen gaben damit der Familie des verstorbenen Jesse Williams recht, die den Konzern verklagt hatte, weil dieser trotz der längst bekannten Krebsgefahr weiter Zigaretten verkauft habe. Der 1997 im Alter von 67 Jahren gestorbene Mann hatte rund 40 Jahre lang Zigaretten der von Philip Morris vertriebenen Marke „Marlboro" geraucht.

Gegen dieses Urteil ist die Berufung noch nicht abgeschlossen.

Marihuana-Religion

Eine besonders raffinierte Begründung für seinen Antrag auf eine Erlaubnis zum privaten Marihuana-Anbau hatte sich ein Sänger und Liedkomponist ausgedacht: Er bekenne sich zum Glauben der Rastas, und für deren schwerpunktmäßig in Jamaika ansässige Anhänger sei das dort einheimische Marihuana das „heilige Kraut", von dem an mehreren Stellen in der Bibel gesprochen werde. Es gelte unter den meisten Rastafaris sowohl als Nahrung fürs Gehirn als auch als Heilmittel und werde bei rituellen Versammlungen geraucht. In Ausübung seines Grundrechts auf Religionsfreiheit wolle er Marihuana-Pflanzen zum Eigenverbrauch in geringem Umfang anbauen, ernten und später bei Rasta-Zeremonien konsumieren.
Der Antrag wurde abgelehnt und ebenso die darauf folgende Klage. Das Gericht hielt eine private Hanf-Plantage zugunsten des Schutzes der Volksgesundheit weiterhin für illegal und somit nicht zwingend erforderlich für die private Erleuchtung eines Einzelnen. Schließlich sei auch „der Cannabis-Genuss im Rahmen der Religionsausübung jedenfalls in Deutschland offenbar nur für ganz wenige Personen ein relevantes Phänomen". (Bundesverwaltungsgericht)
Dieser Meinung schließen wir uns selbstverständlich an – vermuten aber, dass sich Letzteres sehr schnell ändern würde, wenn sonntags offizielle Rasta-Gottesdienste (mit allem, was dazugehört) abgehalten würden.

Kleider machen Leute

Nachthemden sind keine Kleider

Der Bundesfinanzhof (BFH/NV 1991, Seite 422) hat uns die bahnbrechende Feststellung beschert, was eigentlich Nachthemden sind.
„Als Nachthemden sind nur Kleidungsstücke anzusehen, die nach ihren objektiven Merkmalen und Eigenschaften ausschließlich für das Tragen im Bett geeignet und bestimmt sind."

... und nicht so ganz Alltägliches

Das große Rechtsquiz

1. Was ist eine Amtszustellung?

a) Postbeförderung auf behördliche Veranlassung
b) Parkverstoß vor dem Behördeneingang
c) Position beim Liebesspiel von Beamten an behördlichen Ruhetagen

2. Was ist ein Anderkonto?

a) riskante Anlagefonds in Australien
b) treuhänderisches Konto von Anwälten für ihre Mandanten
c) Schwarzgeld-Parkmöglichkeit in Südamerika

3. Was bedeutet eine „Annahme als Kind“?

a) Adoption
b) naive Weltsicht
c) Entgegennahme von Paketen durch Unbefugte

4. Was ist unter einem Anwaltszwang zu verstehen?

a) Juristenneurose nach Pensionierung
b) eine Möglichkeit für Mandanten, ihren Anwalt zu einem gewünschten Verhalten zu bewegen
c) die Pflicht, vor Gericht nicht ohne Rechtsbeistand aufzutreten

5. Was versteht man unter gutem Glauben?

a) Vorgabe der Bayerischen Verfassung als Lernziel im schulischen Religionsunterricht
b) Vertrauen bezüglich des Eigentumsrechts eines Verkäufers
c) Meinung des Papstes zum Katholizismus

6. Was bedeutet Nießbrauch?

a) auffälliges Suchtverhalten von Ex-Politikern
b) Nutzungsrecht an einem Grundstück durch den Nichteigentümer
c) lautstarkes Begrüßungsritual eines europäischen Bergvolks

Auflösung: 1 a), 2 b), 3 a), 4 c), 5 b), 6 b)

Feste feiern, wie sie fallen

Dicke Lippe in der Hochzeitsnacht

Dass der Mensch zu gewissen, üblicherweise einmaligen, Anlässen besonders schmerz(ensgeld)empfindlich ist, sehen sogar die deutschen Gerichte ein. Die eigene Hochzeit ist solch ein Anlass:
Ein Mann aus Bayern geriet kurz vor seinem großen Tag in eine Schlägerei und wurde dabei übel zugerichtet. Verletzungsbedingt konnte er nur sehr eingeschränkt an seiner kurz danach stattfindenden großen Trauungsfeier teilnehmen. Wegen der auf das Dreifache angeschwollenen Unterlippe konnte er weder die Braut küssen noch die Hochzeitssuppe essen oder den Gästen zuprosten. Wegen Knieprellungen konnte er in der Kirche nicht niederknien, der Hochzeitswalzer fiel aus, und seine Braut musste aus eigener Kraft die Schwelle zum Schlafzimmer überschreiten, von anderen sicher ebenso bedauerlichen Beeinträchtigungen für das junge Paar während der Hochzeitsnacht und der Flitterwochen ganz zu schweigen.
Das mitfühlende Gericht fasste seine Entscheidung in folgenden juristisch-nüchternen Worten zusammen: „Dem Kläger, dem bei einem entscheidenden Ereignis seines Lebens ein von seinen Wünschen wesentlich abweichender Lebensvollzug auferlegt war, steht ein Zeichen setzender Schmerzensgeldbeitrag zu“, in Zahlen: 2500 €. (Amtsgericht Eggenfelden)

Weihnachten

Weihnachten ist ebenfalls eine Zeit, in der nicht nur Freude, sondern auch Schmerz (wie in „Schmerz“ensgeld) stärker empfunden wird als im restlichen Jahr. So halten es diverse Gerichte für gerechtfertigt, das für erlittene Gesundheitsbeeinträchtigungen regelmäßig anzusetzende Schmerzensgeld noch zu erhöhen, wenn ein schädigendes Ereignis (oder dessen Folgen) während des Weihnachtsfestes und des Jahreswechsels eingetreten ist, da dies zu einer besonderen Lebensbeeinträchtigung führe. (Amtsgericht Montabaur)

Advent, Advent, die Wohnung brennt

Dass Advent und Weihnachten eine wirklich sehr sensible Zeit sind, verdeutlicht uns auch folgender Fall:
Ein Wohnungsinhaber begehrte Versicherungsschutz für ein Missgeschick im typischen Umgang mit einem Adventskranz. Der Kläger wollte seiner Freundin am Weihnachtsmorgen eine besondere Freude machen. Er stand vor ihr auf, entzündete die Kerzen auf dem aus echten Tannenzweigen gefertigten Adventskranz, der schon seit dem Ersten Advent auf dem Wohnzimmertisch stand. Anschließend kochte er in der Küche noch den Frühstückskaffee, den er seiner Lebensgefährtin direkt ans Bett bringen wollte, um sie mittels Kaffeegeruch zu wecken und zum Aufstehen zu veranlassen.
Dann verließ der Wohnungsinhaber das Schlafzimmer nicht wie ursprünglich beabsichtigt sofort, sondern erst 15 bis 60 Minuten später, als er Brandgeruch bemerkte und Rauchschwaden durchs Haus zogen. Beides war verursacht durch den Adventskranz im Wohnzimmer, der mittlerweile in Flammen aufgegangen war. Zwar musste die alarmierte Feuerwehr nicht mehr eingreifen, da es dem Mann vor deren Eintreffen bereits selbst gelungen war, den Brand zu löschen. Allerdings war die gesamte Wohnung verrußt, was einen Schaden in Höhe von über 30.000 € verursachte.
Als er seine Versicherung um Kostenerstattung bat, weigerte sie sich, den Schaden zu ersetzen. Sie warf dem Mann vor, den Schaden grob fahrlässig herbeigeführt zu haben. Der Mann verklagte die Versicherung und gewann. Das Gericht verneinte ein vorwerfbares Verhalten. Der Kläger habe ursprünglich nicht vorgehabt, sich länger als nötig im Schlafzimmer aufzuhalten. Er wollte vielmehr nur kurz ins Schlafzimmer gehen, um seine Lebensgefährtin zu wecken. Nicht vorwerfbar fand das Gericht, dass der Kläger nach Betreten des Schlafzimmers aufgrund der „körperlichen Reize“ seiner Lebensgefährtin – ob diese zu Zwecken richterlichen Erkenntnisgewinns als Zeugin vernommen wurde, ist nicht bekannt – nicht mehr an den brennenden Adventskranz dachte und sich deutlich länger im Schlafzimmer aufhielt als geplant. (Oberlandesgericht Düsseldorf)

Und bei dieser Gelegenheit noch ein paar Tipps für eine rechtssichere Weihnachtsfeier

Wer zu früh geht, den bestraft der Chef, wer zu lange bleibt und nicht nach Hause findet, den bestraft die Berufsgenossenschaft. Über die arbeitsrechtlichen Gefahrenquellen einer betrieblichen Weihnachtsfeier:

§ Prinzipiell gibt es keine Teilnahmepflicht an einer betriebsüblichen Weihnachtsfeier. Wer also gar nicht erst erscheint, kann auch wegen zu frühen Gehens keinen Ärger bekommen. Gegenteiliges würde nur gelten, wenn eine Spaßbremse von Chef eine Mitarbeiterversammlung mit festlicher Rede während der Arbeitszeit ansetzt und die Veranstaltung auch noch pünktlich zum Feierabend endet. Dann wäre der Einladung zwingend Folge zu leisten. Wer nicht teilnähme, riskierte Abmahnung und Gehaltsabzug. Bei Weihnachtsfeiern außerhalb der sonst üblichen Arbeitszeit aber besteht keine Teilnahmepflicht.

§ Üblicherweise wird man auch nicht (wie ehedem Oliver Kahn vom FC Bayern) bestraft, wenn man die Feier vor deren Ende verlässt, viel eher gibt es rechtliche Probleme, wenn man zu lange bleibt. So hatte die zuständige Berufsgenossenschaft entschieden, dass betrieblicher Unfallschutz auf der Weihnachtsfeier nur so lange gilt, wie noch eine Vielzahl von Kollegen anwesend ist. Im betreffenden Fall war ein Mitarbeiter nach 3 Uhr morgens und infolge eines gewissen Alkoholkonsums eine Treppe hinuntergestürzt. Die meisten anderen Arbeitnehmer waren bereits kurz nach 1 Uhr morgens nach Hause gegangen, der Chef feierte zu diesem Zeitpunkt aber noch vorbildlich mit. Die Richter vom Frankfurter Sozialgericht waren hingegen der Auffassung, dass es reiche, wenn zumindest der Chef noch da ist. Noch großzügiger entschied das Sozialgericht Mainz. Wenn mindestens noch 20 Prozent der Mitarbeiter anwesend sind, soll das für die Einstufung der Feier als betriebliche und damit unfallversicherte Veranstaltung ausreichen, Vorgesetzte müssten nicht mehr darunter sein. Wer aber die Feier im kleinen Kollegenkreis ohne Vorgesetzten und womöglich noch an anderem als dem offiziellen Ort fortsetzt, macht das außerhalb des Unfallversicherungsschutzes. Bei einer offiziellen Firmenweihnachtsfeier ist dann auch der Heimweg versichert, zumindest wenn die direkte Strecke nach Hause gewählt und kein Umweg gemacht wird. Verfahren gilt also nicht.

§ Arbeitsrechtlich gut gewählt sollten Redebeiträge auf der Feier sein. Grobe Beleidigungen von Vorgesetzten oder Arbeitskollegen können, auch wenn sie auf der Weihnachtsfeier erfolgen, zur Kündigung des Arbeitsverhältnisses führen. Nachdem ein Teilnehmer einen Kollegen auf einer Weihnachtsfeier mit unflätigen Ausdrücken bezeichnet hatte und abschließend den Mittelfinger präsentierte, hielt das Landesarbeitsgericht Hamm sogar eine fristlose Kündigung für gerechtfertigt. Diese war laut Bundesarbeitsgericht auch die angemessene Reaktion auf die Erklärung eines Untergebenen dem Chef gegenüber, dass er nicht mehr länger bereit sei, dessen Weisungen zu befolgen. Vielleicht lag es auch daran, dass sie mit Beschimpfungen wie „Betrüger, Gauner und Halsabschneider" bekräftigt wurde.

§ Kommentierende Buhrufe bei der Rede des Chefs, soviel zur Beruhigung, reichen nach Ansicht der Rechtsprechung aber nicht für eine Kündigung aus.

§ Wenn der Vorgesetzte sich am nächsten Arbeitstag beleidigt fühlt, weil er von seinen Untergebenen weiter geduzt wird, ist das ebenfalls rechtlich ohne Belang, sofern er selbst nachweislich das Du auf der Weihnachtsfeier angeboten hat. Allerdings muss man dann seinen expliziten Wunsch respektieren, zukünftig doch wieder gesiezt zu werden.

Rechtsfälle ums Münchner Oktoberfest

Mit Betrunkenen ist zu rechnen

Pünktlich zum Wies'n-Start 2009 veröffentlichte das Amtsgericht München ein Urteil, bei dem es darum ging, dass einer Motorradfahrerin abends ein merklich angeheiterter Passant trotz roter Fußgängerampel direkt vor die Maschine gelaufen war. Durch das Bremsmanöver stürzte die Motorradfahrerin und verletzte sich. Auch das Motorrad wurde beschädigt. Der Richter sprach der klagenden Motorradfahrerin dennoch nur einen Ersatz von 50 Prozent ihres Schadens zu: Zwar trage der betrunkene Fußgänger eine Mitschuld. Die andere Hälfte der Schuld liege jedoch bei der Motorradfahrerin. Zur Oktoberfestzeit seien in München nächtens bekanntermaßen „größere Mengen Betrunkener unterwegs, bei denen nicht immer erwartet werden kann, dass sie die Verkehrsregeln einhalten", sagte der Amtsrichter. Die Motorradfahrerin hätte daher ihre Geschwindigkeit anpassen müssen, um den Betrunkenen jederzeit ausweichen zu können.

Tanzen, bis der Zahnarzt kommt

Dass die Nachsicht der Münchner Gerichte gegenüber Oktoberfest-Besuchern aber trotzdem irgendwann endet, zeigt folgender Bierbank-Unfall: Wie sich das als echter Wies'n-Fan gehört, stieg eine Dame im Rahmen der allgemeinen Bierseligkeit zum Tanzen auf ihre Bank. Leider verlor sie irgendwann das Gleichgewicht und kippte rücklings auf den hinter ihr noch sitzen gebliebenen Herrn. Falls dieser bis dahin noch nicht zu tief ins Glas geschaut hatte, so tat er es spätestens jetzt. Zum Zeitpunkt des Damen-Aufpralls wollte er nämlich grade aus seinem Bierkrug trinken, welcher ihm nun unsanft ins Gesicht gestoßen wurde und einen seiner Zähne verletzte. Der Mann klagte auf Schadensersatz. Die Dame verteidigte sich damit, sie sei von einem Dritten gerempelt worden und somit gar nicht schuld an der Verletzung.

Das Amtsgericht München sprach dem Mann 500 € Schmerzensgeld zu, was allerdings nur die Hälfte der von ihm ursprünglich geforderten Summe war. Schuld hatten nach Meinung des Richters nämlich beide Beteiligten: Mittlerweile sei es auf dem Oktoberfest zwar üblich, die Bänke nicht nur zum Sitzen, sondern auch zum „Draufstehen“ zu benutzen. Trotzdem müsse man aber, so an die Adresse der Dame gerichtet, noch seine Umgebung beobachten und auch damit rechnen, das Gleichgewicht zu verlieren, sei es durch Rempler eines anderen oder, wie es das Gericht schön umschreibt, „durch eigenes Verhalten“. Sorgfaltspflichten bestehen aber auch für den verletzten Herrn, da auch er hätte wissen müssen, dass hinter ihm auf der Bank stehende Personen umfallen können. Spaß hin oder her, das Oktoberfest stelle schließlich „keinen rechtsfreien Raum dar“.

Pink Panther tiefblau

Ein Brite im Kostüm des rosaroten Panthers wollte sich im Taxi vom Oktoberfest zum Flughafen fahren lassen. Unzufrieden über den hohen Fahrpreis, kam es zum Streit. Dies führte dazu, dass der mutmaßlich nicht mehr ganz nüchterne Tourist vom Taxifahrer an die frische Luft gesetzt wurde und mitsamt seinem Pantherkostüm die Nacht in einer Gefängniszelle verbringen musste.

Splitternackt in Terminal 2

Über ein Pantherkostüm hätte sich ein Besucher aus Leipzig sicher gefreut. Dieser fand sich nach einer Taxifahrt zum Flughafen in noch misslicherer Situation wieder, nämlich im Adamskostüm in der Halle von Terminal 2. Nach eigenen Angaben hatte auch er Streit mit einem Taxifahrer. Weil er den Fahrpreis nicht bezahlen konnte, habe der Taxifahrer Kleidung und Brille des Fahrgastes als Pfand einbehalten. Gegen den Taxifahrer wurde wegen Raubes ermittelt.

Böses Erwachen

Viel schlimmer war, was einer jungen Australierin widerfuhr: Sie hatte knapp zwei Maß getrunken und sich auf einem wegen ähnlicher Vorfälle aus der Vergangenheit berüchtigten Hügel auf dem Festgelände schlafen gelegt. Ein bulgarischer Tourist nutzte die Gelegenheit, vergewaltigte die Frau und stahl ihr das Telefon. Taschendiebfahnder beobachteten die Straftaten und nahmen den Mann fest; die Frau hatte nichts mitbekommen und musste von der Polizei geweckt werden.

Reiserecht und Reiseunrecht

Was eigentlich ist eine Reise?

Das Oberlandesgericht Saarbrücken (NJW-RR 1999, Seite 1404) hat sich festgelegt:
Unter einer Reise versteht man die unterschiedliche Zwecke verfolgende und unterschiedliche Verkehrsmittel nutzende Fahrt zu einem entfernten Ort einschließlich einer gewissen Dauer des Fortbleibens. Sie umfasst die Zeitspanne vom Aufbruch bis zur Rückkehr oder bis zum Eintreffen am Ort endgültigen Verbleibens.
Ein Reisezweck, so hat es fast den Anschein, besteht darin, nach der Rückkehr die Gerichte mit seinen übelsten Reiseerlebnissen zu behelligen. Aber: Wenn einer nach der Reise klagt, dann kann er auch verlieren. Nicht jede Beeinträchtigung der Urlaubsfreude ist auch ein Reisemangel:

Richterrat: Liebesspiel mit Gürtel

Ein Ehepaar klagte nach der Rückkehr auf Schadensersatz wegen entgangener Urlaubsfreuden. Es hatte eine Pauschalreise gebucht, bei der das Hotelzimmer statt des erwünschten Doppelbetts zwei Einzelbetten aufwies, wodurch die Bei- und Einschlaffreuden deutlich vermindert waren. Die infolge rutschiger Fliesen unaufhaltsam auseinanderdriftenden Betten hätten ein harmonisches Beisammensein während der gesamten 14-tägigen Urlaubszeit verhindert. Der Richter wies die Klage jedoch mit der Begründung ab, dass ihm aus dem Stegreif ein paar Sexstellungen einfielen, die auch auf nur einem Bett funktionierten, „und zwar durchaus zur Zufriedenheit aller Beteiligten". Und selbst, wenn man den Klägern gewisse Beischlafpraktiken zugestehe, die ein fest verbundenes Doppelbett voraussetzten, so liege kein Reisemangel vor, denn dieser Mangel hätte mit wenigen Handgriffen selbst beseitigt werden können. Die Metallrahmen der beiden Einzelbetten hätte man hier schnell mit einer festen Schnur verbinden können. Bis zur

Beschaffung einer solchen Schnur hätte es übergangsweise auch z. B. ein Gürtel getan – „denn dieser wurde in seiner ursprünglichen Funktion in diesem Augenblick sicher nicht benötigt". (Amtsgericht Mönchengladbach)

Was Touristen auf die Palme bringt

Ein Urlauber fühlte seine Erholung in tropischer Umgebung dadurch gestört, dass er einem wahren Bombardement von Kokosnüssen ausgesetzt war. „Alle paar Minuten krachte eine Nuss zu Boden", so seine Beschwerde. Die Richter des Oberlandesgerichts Düsseldorf jedoch waren der Ansicht, dass es sich um eine landestypische und ortsübliche Beeinträchtigung handle, die deshalb entschädigungslos hinzunehmen sei. Überdies habe der Reisende versäumt, die Reiseleitung vor Ort auf die vermeintliche Reisestörung hinzuweisen und so Abhilfe zu schaffen.
Wobei man sich allerdings fragen kann, wovon sich herabfallende Kokosnüsse aufhalten lassen.

Stand up for your rights

Ein Mann wollte seinen Reisepreis mindern, da der Toilettendeckel immer auf die Brille fiel und er so gezwungen war, im Sitzen zu pinkeln. Seine Klage wurde abgewiesen, diese kurzfristige Umstellung seiner Gewohnheiten sei hinzunehmen.

Kompletter Kulturschock

Ein älterer Herr versuchte ebenfalls, einen Teil des Reisepreises einzuklagen, da an seinem Urlaubsort viele kleine Kinder rumtobten und ihn in seiner Ruhe störten. Hauptsächlich stützte er sich auf das Argument, dass die südländische Mentalität Hektik verbreite und die Landsleute kein Deutsch konnten. Auch diese Klage wurde abgewiesen.

La Cucaracha auf Gran Canaria

Das Amtsgericht Kleve hatte über die Klage eines Urlaubers zu entscheiden, der sich für einen Aufenthalt im bekannt turbulenten Ferienzentrum Playa de Ingles auf Gran Canaria entschieden hatte. Zur Begründung seiner Klage gab er an, er sei jede

Nacht durch den Lärm feiernder Partygäste gestört worden. Außerdem seien täglich Kakerlaken in seinem Hotelzimmer aufgetaucht. Der Amtsrichter ließ sich davon nicht beeindrucken. Er war der Meinung, wer mitten in Playa de Ingles zur Hochsaison Urlaub mache, müsse mit ortsüblichen Geräuschen rechnen. Und 10 – 20 Kakerlaken seien in südlichen Ländern kein Reisemangel.

Die schlimmste aller Reisen

Exotische Reiseziele wie die Malediven oder Sri Lanka sind besonders im deutschen Winter sehr beliebt. Ein Ehepaar dürfte künftig eher den Bayrischen Wald oder auch die Karpaten vorziehen, denn was ihnen passierte, war schon allerhand. Die beiden hatten Last Minute am Frankfurter Flughafen einen zweiwöchigen Badeurlaub auf den Malediven und Sri Lanka gebucht. Bereits der Abflug verzögerte sich wegen eines technischen Defekts. Aufgrund der verspäteten Ankunft verpassten die Eheleute den Anschlussflug nach Sri Lanka. Deshalb mussten sie den Heiligabend in einer „notdürftigen Absteige" verbringen, wie es im Urteil des Oberlandesgerichts Frankfurt heißt. Endlich auf Sri Lanka angekommen, ging das Missgeschick weiter. Ihr gewünschtes Hotel war ausgebucht, der Ersatz befand sich weitab auf einer unwirtlichen Insel, die nur mit einer selten verkehrenden Fähre zu erreichen war. Der Weiterflug auf die Malediven lief auch nicht einwandfrei, auch dort war das Hotel überbucht. Statt wie gewünscht auf einer romantischen einsamen Insel wurden sie auf einem Boot voller Taucher untergebracht. Das Boot verfügte über ein WC und eine Salzwasserdusche für 18 Personen. Die Kabinen waren wegen starken Dieselgeruchs kaum nutzbar, sodass das Paar auf dem Deck schlafen musste. Die vertraglich zugesagte Vollpension bestand hauptsächlich aus geangeltem Fisch und Spaghetti. Der Rückflug verzögerte sich um weitere drei Tage, für die sie sich selbst eine Übernachtungsmöglichkeit suchen mussten. Dem Ehepaar, das nicht wirklich erholt zurückkam, wurde letztendlich ein höherer Betrag zuerkannt, als die Reise gekostet hatte.

Andere Länder, andere Betten

Etwas weniger Verständnis zeigte ein Gericht jedoch gegenüber einer Familie, die im Urlaub statt des gebuchten Dreibettzimmers nur ein Zweibettzimmer mit einem Zustellbett vorfand, welches aus einem über Cola-Kisten gelegten Bettrahmen bestand. Zudem schimmelte es im Bad, der Reisebus fuhr zu spät ab, die Liegeflächen am Pool waren durch Essensreste und Müll der Miturlauber verschmutzt, welche im Übrigen auch an der Poolbar ordentlich rumlärmten...

Die Richter dazu ungerührt: Von entgangener Urlaubsfreude könne hier keine Rede sein, bei der im Bus verbrachten Wartezeit handle es sich um südliche Gepflogenheiten, deutsche Genauigkeit werde dort eben nicht nachvollzogen. Gleiches gelte in südlichen Ländern für Schimmelpilzbildung im Nassraum, sofern sie vom Umfang her „nicht extrem" sei. Die Verschmutzung am Pool sei nur relevant, wenn die Hotelleitung nicht für eine regelmäßige Reinigung sorge, dies habe der Kläger aber nicht vorgetragen, auch hätte er nicht dargelegt, ob die Hotelleitung überhaupt auf die lärmenden Gäste an der Poolbar hätte einwirken können. Ach ja, das Cola-Kisten-Bett: Dies genügte dann doch nicht den Anforderungen, die „an ein Zustellbett nach dem Wortsinn dieses Begriffs zu stellen" sind, und der Reisepreis durfte um 55 € gemindert werden. (Amtsgericht Düsseldorf)

Schachmatt

Erfolglos blieb auch die Klage eines neunjährigen Jungen, der sich an seinem letzten Urlaubstag in Ägypten am Finger verletzte, als beim Spielen auf der hoteleigenen Schachanlage eine der 12 – 15 kg schweren Schachfiguren umfiel. Er hatte daraufhin vom Reiseveranstalter 2000 € Schmerzensgeld verlangt, da dieser seiner Verkehrssicherungspflicht nicht nachgekommen sei.

Dass man ab und zu einfach selbst darauf aufpassen muss, was man so anstellt, zeigten die Richter deutlich in ihrer Urteilsbegründung, mit der sie die Klage abwiesen: Der Unfall sei nicht etwa deswegen entstanden, weil der Reiseveranstalter irgendwelche Sicherungspflichten verletzt habe, sondern sei vielmehr das Resultat der Verwirklichung des allgemeinen Lebensrisikos. Bei Sicherheitsvorkehrungen, wie sie sich der Kläger vorstelle, müsse ja der Reiseveranstalter seine „Gäste in Gummizellen unterbringen, denn auch Möbel und harte Wände können gefährlich sein, wenn man dagegen stolpert". (Amtsgericht München)

Keine Halbpension für den Zwergpudel

Äußerst empört zeigte sich ein Ehepaar über die respektlose Art und Weise, wie ihr Zwergpudel im Urlaub behandelt wurde. Da hatte man sich über Weihnachten und Silvester schön ein Hotel mit Halbpension gebucht und gegen einen täglichen Preisaufschlag von 6 € auch die Erlaubnis erhalten, den Vierbeiner mitzunehmen. Nun aber wurde dem Tier weder der Zutritt zum Speisesaal gewährt noch eine Hundekost gereicht! Das angerufene Gericht sah hierin keine Beeinträchtigung, die eine Reduzierung des Reisepreises rechtfertigte. Ein täglicher Aufpreis für den Hund enthalte nicht ohne Weiteres die Fütterung des Tieres durch das Hotel, sondern kompensiere den erhöhten Aufwand des Personals, der bei einem Hundegast entstehe. Die zeitlich doch recht kurze Trennung von Hund und Hundehalter während des Essens habe man ersatzlos hinzunehmen, es sei zudem ja auch nachvollziehbar, warum die Anwesenheit von Hunden in Speisesälen nicht erwünscht sei, und außerdem habe das Hotel speziell hier die Beeinträchtigung noch dadurch ausgeglichen, dass den Gästen das Essen dann auf dem Zimmer serviert wurde. (Landgericht Frankfurt am Main)

Gerichtsbekannter Sektgenuss

So hatte sich der Kläger seine romantischen Winterferien in einer Hütte in den Alpen nicht vorgestellt: Neben diversen anderen Mängeln fehlten in der urigen Alm doch tatsächlich auch noch die Sektgläser!
Die Richter sahen diesen Umstand jedoch ganz nüchtern: Das stelle keinen Reisemangel dar, denn, so bescheinigten sie, es sei

„gerichtsbekannt, dass Sekt auch in Saftgläsern seinen vollen Geschmack entfaltet". (Amtsgericht Offenburg)

Allein unter Nackten

An diesem Reisemangel hätte der eine oder andere vielleicht seine blanke Freude gehabt. Nicht aber der Kläger. Er hatte eine preisgünstige „Roulettereise" gebucht, bei der sich der Kunde nur für eine bestimmte Hotelkategorie in einem bestimmten Land entscheidet und die näheren Reiseumstände entsprechend den freien Kapazitäten vom Reiseveranstalter festgelegt werden. Vorliegend waren offenbar viele „übliche" Hotels ausgebucht, weshalb man eine ganz besondere Wahl getroffen hatte. Der Urlauber musste bei der Ankunft in der Überraschungs-Unterkunft feststellen, dass außer ihm alle nackt waren. Man hatte ihn in ein FKK-Hotel einquartiert, was ihm gar nicht gefiel. Seiner Klage auf Reisepreisminderung gab das Gericht dann auch in Höhe von 50 % des Reisepreises statt. Nach Meinung des Richters dürfe man selbst bei einer Roulettereise eine „normale" Unterbringung erwarten, dies sei bei einem FKK-Hotel jedoch gerade nicht gegeben. Auch in der heutigen Zeit entspreche es nicht jedermanns Geschmack, „fremde nackte Menschen um sich herum zu sehen und sogar selber nackt herumzulaufen".
Da half auch das Argument des Reiseveranstalters nicht mehr, im Hotel-Restaurant gelte doch immerhin ab 20.00 Uhr „Textilzwang"… (Amtsgericht Düsseldorf)

Allein unter Soldaten

Auf Hotel-Mitbewohner besonderer Art traf auch ein deutsches Paar, das zwei Wochen Urlaub in einer Ferienanlage in Kenia gebucht hatte:
Ab dem dritten Urlaubstag wurde das Hotel mit ca. 1000 Soldaten der US-Navy belegt, die sich auf einer Militär-Übung befanden. Diese trugen teilweise auch im Hotel Waffen, kontrollierten fortan jeden Urlaubsgast beim Betreten des Hotels und patrouillierten am Strand mit Maschinenpistolen.
Wer nicht gerade Militär-Fetischist ist, dem wird dann doch etwas ungemütlich. Das sah auch das Gericht so und sprach

eine Reisepreisminderung in Höhe von 40 % zu, denn schließlich dürfe man „als Reisender erwarten, in einem solchen Hotel gleichgesinnte Urlauber anzutreffen oder auch Geschäftsleute", hier aber hätten die Soldaten aus dem Urlaubsdomizil eher eine Kaserne gemacht.
(Amtsgericht Köln)

Mit kleinen Einschränkungen ist zu rechnen: Fälle von Null-Prozent-Reisepreisminderung

Vieles im Urlaub läuft nicht wie geplant, nicht alles aber, was anders ist als gewünscht oder gewohnt, gibt Anlass für die Reduzierung des Reisepreises. So verliefen alle mit folgenden Begründungen eingereichten Klagen erfolglos:

§ Flugbegleitung nicht deutschsprachig (Amtsgericht Bad Homburg)
§ elektrische Leitungen nicht verputzt (Amtsgericht Münster)
§ fehlende Anti-Rutschmatte in Badewanne (Amtsgericht Bad Homburg)
§ keine Toilette mit Wasserspülung in abgeschiedenem Ferienhaus in Schweden (Amtsgericht Hamburg)
§ unbeheizbares Appartement in südlichen Ländern, hier: Kanarische Inseln (Landgericht Bonn)
§ Hotel am Friedhof gelegen (Oberlandesgericht Düsseldorf)
§ kurzzeitiges (24 Stunden) Auftreten von Ameisen (Amtsgericht Köln)
§ Bienenschwarm für drei Stunden in Clubanlage (Amtsgericht Bad Homburg)
§ 2–3 Geckos im Zimmer eines Mittelklassehotels in der Karibik (Oberlandesgericht Düsseldorf)
§ Mückenstiche (Landgericht Frankfurt/Main)
§ drei Kakerlaken im Zimmer (Landgericht Frankfurt/Main)
§ kein Raucherzimmer (Amtsgericht Duisburg)
§ Frühstück nur nach landestypischer Art und Weise, aber keine Rühreier und unzureichende Qualität des Toastbrots (Oberlandesgericht Düsseldorf)
§ 30-minütiges Anstehen am Buffet (Landgericht Düsseldorf)
§ Meeresfrüchte-Buffet nur an Feiertagen (Amtsgericht Köln)

- § andere Gäste beim Essen in Badebekleidung (Landgericht Düsseldorf)
- § klingeln von Mobiltelefonen während der Essenszeit (Amtsgericht Potsdam)
- § in mallorquinischem Hotel Animation und Unterhaltungsprogramm auf Englisch statt auf Deutsch (Landgericht Duisburg)
- § Stattfinden eines Ausflugs, obwohl die Mindestteilnehmerzahl nicht erreicht wurde – Alleinreisende vermissten dabei das Gruppenerlebnis (Amtsgericht Frankfurt/Main)
- § fast tägliche Missachtung des Bitte-nicht-stören-Schilds durch das Zimmerpersonal vor 8 Uhr (Amtsgericht Kleve)
- § Hundegebell in ländlicher Gegend (Amtsgericht Freiburg)
- § frühmorgendliches Krähen frei laufender Hähne (Landgericht Kleve)
- § lärmende Kinder im Hotel (Amtsgericht Düsseldorf)
- § 200–250 Schulkinder zwischen 10 und 14 Jahren in Mittelklassehotel (Amtsgericht Duisburg)
- § behinderte Menschen im Hotel (Amtsgericht Bad Homburg)
- § pflegebedürftige Senioren im Hotel (Amtsgericht Bad Homburg)
- § 80–90 % der Gäste sind nicht deutscher Nationalität, obwohl im Prospekt stand: „Von Deutschen bevorzugte Hotelanlage“ (Landgericht Kleve)

Zelle, garantiert besenrein, und das in der Heimat der „Kehrwoche“

In Baden-Württemberg waren nach einer Analyse von Ausbrüchen und Ausbruchsversuchen die sich bis dahin noch in den Gefängniszellen der Vollzugsanstalten befindlichen Schrubber und Besen entfernt worden. Die Analyse hatte nämlich ergeben, dass sich „Stiele von Besen und Schrubbern als geeignete Hilfsmittel erwiesen haben, auch moderne Mauerkronensicherungen zu überwinden“. Hiergegen klagte ein Gefangener, der der Meinung war, die entfernten Putzgeräte gehörten in seiner Zelle zur Sicherstellung einer menschenwürdigen Grundversorgung. Das Gericht sah das anders: Die Gefängnisse hielten eine ausreichende Zahl von „Gemeinschaftsschrubbern und -besen“ vorrätig, die er sich stets für einen bestimmten Zeitraum zur Reinigung seiner Zelle borgen könne. Auch sein Argument, es verstoße gegen seine Menschenwürde, dass er nach dem Entzug anderer Reinigungsmöglichkeiten nun beim Gebrauch des verbliebenen Handbesens samt Kehrschaufel „auf dem Boden kriechen“ müsse, entbehre jeder sachlichen Grundlage. (Oberlandesgericht Karlsruhe)

Oh Tannenbaum, bleibst Sträflingstraum!

Nicht nur putzwütige Sträflinge haben Pech, sondern auch die Weihnachtsliebhaber unter ihnen. Dass nämlich ein Weihnachtsbaum ebenfalls nichts im Haftraum zu suchen hat, entschied das Kammergericht Berlin, nachdem ein Sträfling beantragt hatte, einen solchen Weihnachtsschmuck in die Zelle zu bekommen. Argument der Ablehnung: Ein Christbaum könne als Drogenkurier missbraucht werden, denn Äste und Stamm ließen sich ohne großen Aufwand aushöhlen und anschließend mit Leim verschließen. Und wenn nun jeder Gefangene ein Anrecht auf einen Baum hätte, müsste sich die Gefängnisleitung im Advent mit der Drogenkontrolle von Dutzenden Weihnachtsbäumen befassen – ein Aufwand, der den Justizbehörden auch bei Berücksichtigung des Interesses der Gefangenen an der Schaffung einer weihnachtlichen Atmosphäre nicht zumutbar sei.

Kurioses gut gemischt

Wenn Frauen zu sehr lesen oder: Bei Bestellung Knast

Viele Buchverlage erkannten die Anruferin bereits an ihrer charakteristischen Stimme: Sie habe gerade eine Buchhandlung eröffnet oder wolle als Journalistin Bücher besprechen und wünsche deshalb umgehend die kostenlose Zusendung von Büchern oder doch zumindest Verlagsprospekten an eine postlagernde Adresse, so ihre bundesweit geäußerte Bitte.
Wer daraufhin Bücher oder Prospekte verschickte, konnte jedoch lange auf Folgeaufträge eines neu eröffneten Buchladens oder auf Buchbesprechungen in der Zeitung warten, denn Frau X betreibt keine Buchhandlung, und Frau X bespricht auch keine Bücher. Was genau Frau X mit den ihr übersandten Prospekten und Büchern macht, ist nicht bekannt.
Ein Verlag war besonders genervt durch den endlosen Lektürehunger der Frau X. Deshalb erwirkte er bei Gericht ein bislang eher aus amerikanischen Filmen um Sorgerechtsstreitigkeiten bekanntes Verbot, wonach es Frau X untersagt ist, den Verlag zu kontaktieren. Sollte Frau X dagegen verstoßen, droht ihr nicht nur Ordnungsgeld, sondern sogar Ordnungshaft.

Keine Verlagshaftung bei verfrühter Meuterei

In einem Abenteuerbuch wurde als Datum der historischen Meuterei auf der Bounty fälschlich der 20. April 1789 angegeben. Tatsächlich jedoch wurde erst acht Tage später gemeutert. Im Vertrauen auf die falsche Verlagsangabe und seine selbst entworfene, mehr als fragwürdige Eselsbrücke („hundert Jahre vor Hitlers Geburtstag“) wettete ein Leser des Buchs mit seinem Freund um drei Flaschen Wein, dass er jenen Zeitpunkt genau wisse, zu dem Captain Bligh damals ins Beiboot gesetzt wurde. Als er sich vom historisch gut informierten Freund eines Besseren belehren lassen und das wahre Datum der Meuterei erfahren musste, verlangte er vom Verlag nach den Vorschriften des Produkthaftungsgesetzes drei Flaschen Wein. Das Gesetz beschränkt Entschädigungszahlungen jedoch auf Fälle, die zu Tötungen, Körperverletzungen oder Sachbeschädigungen geführt haben. Derartiges war dem Leser jedoch zum Glück nicht widerfahren. Deshalb verweigerte der Verlag jede Zahlung und schickte dem Leser zur Vermeidung weiterer, politisch inakzeptabler Eselsbrücken ein Verlagsprodukt mit dem Titel „Gedächtnistraining – So macht Gehirnjogging Spaß".

Die Himmelsscheibe von Nebra vor der irdischen Justiz

Im Jahre 1999 wurde in Sachsen-Anhalt eine schallplattengroße Scheibe gefunden. Die mit Goldauflagen versehene, 3600 Jahre alte Bronzescheibe zeigt ein Schiff, Sterne, die Sonne und den Mond und gilt als die weltweit älteste Sternenabbildung. Neben den Archäologen erfreuen sich zunehmend auch die Juristen an der Himmelsscheibe. Es begann damit, dass die Scheibe von sogenannten Raubgräbern aus dem ostdeutschen Erdreich gebuddelt wurde. Bei einer fingierten Kaufaktion wurden Scheibe und Raubgräber schließlich 2002 in Basel dingfest gemacht und Letztere mit den unschönen Vorwürfen der Fundunterschlagung und Hehlerei konfrontiert.

Nach juristischer Beratung wünschten die Sachsen-Anhaltiner, sie hätten in Bayern gegraben. Dort nämlich hätte ihnen nach den bayerischen Gesetzen zum Schatzfund nicht der Strafrichter, sondern sogar eine hälftige Beteiligung am Schatzerlös gewunken. Also mühten sich die Verteidiger der Angeklagten darzulegen, dass es in Sachsen-Anhalt zu keiner Zeit eine Hochkultur gegeben habe, die zu derartigen Leistungen wie der Fertigung einer Himmelsscheibe fähig gewesen sei. Die Zentren dieser frühen Gesellschaft könnten nur im schon damals viel weiter entwickelten und heute Schatzgräber-freundlicheren Bayern gelegen haben, weshalb alle Anzeichen für einen dortigen Fundort sprächen.

Leider waren die patriotischen sachsen-anhaltinischen Richter nicht bereit, auf die Annahme der eigenen frühen Hochkultur zu verzichten und verurteilten die bedauernswerten Landeskinder.

Nachbarn, Mieter und andere Lebewesen

Das große Rechtsquiz

1. Was ist eine Abstandszahlung?

a) Geldleistungen, die an oder von Mieter oder Pächter entrichtet werden, um ein Miet- oder Pachtverhältnis vorzeitig zu beenden
b) Bußgeld für zu dichtes Auffahren
c) Möglichkeit im Baurecht, den gesetzlichen Mindestabstand zwischen Gebäuden zu unterschreiten

2. Was ist ein Anliegerverkehr?

a) Ausnahme von einer sonst bestehenden Durchfahrtssperre
b) gutes Einvernehmen unter Nachbarn
c) Sprechstunde im Petitionsausschuss des Bundestages

3. Was ist ein Haustürgeschäft?

a) Kavaliersdelikt unter Hundehaltern
b) Eindeutschung von „home office"
c) Kaufvertragsabschluss im Bereich einer Privatwohnung

4. Was bezeichnet eine Handschenkung?

a) eine Schenkung, bei der Vertragsverpflichtung und Erfüllung verbunden sind, sodass es keinen Anspruch gegen den Schenker gibt, sondern nur ein Abwehrrecht gegen das Rückgabeverlangen
b) Begriff aus dem Transplantationsgesetz
c) Eindeutschung für Vertragsschluss per „handshake"

5. Ein Oderkonto ist

a) ein Bankguthaben im polnischen Grenzgebiet
b) eine im Bundesbankgesetz genannte Alternative zur Barabhebung
c) ein Konto mehrerer, bei dem alle Inhaber berechtigt sind, auch ohne den anderen Inhaber über den Kontoinhalt zu verfügen

Auflösung: 1 a), 2 a), 3 c), 4 a), 5 c)

Mietgeschichten

Die Sado-Masos von nebenan

Eine Frau zahlte ihrem Vermieter weniger Miete, als sich herausstellte, dass sich im selben Haus ein Etablissement befand, das von der örtlichen Sado-Maso-Szene als beliebter Treffpunkt heimgesucht wurde. Obwohl sich Hauseingang und S/M-Eingang separat und in gut zehn Metern Entfernung voneinander befanden, fühlte sich die Mieterin dennoch von Begegnungen mit „szenetypisch Bekleideten" vor dem Haus unangenehm provoziert. Auch gerate ihre Wohnanschrift durch solch eine Nachbarschaft in Verruf, der Wert der Mietwohnung sei dadurch eindeutig reduziert. Der Vermieter klagte daraufhin auf Zahlung der kompletten Miete – und bekam recht. Das Gericht war der Meinung, dass die als störend empfundenen Begegnungen mit den Sado-Masos zum „allgemeinen Lebensrisiko" gehörten, für das hier der Vermieter aber nicht haftbar gemacht werden könne. Die Nutzung der Mietsache selbst, also der Wohnung und der dazugehörigen Gemeinschaftsflächen wie z. B. das Treppenhaus, sei hier jedoch gerade nicht beeinträchtigt. Anders könne entschieden werden, wenn der räumliche Bereich der Mietsache direkt betroffen sei, so z. B. bei Begegnungen mit Bordellbesuchern im selben Treppenhaus oder wenn „Betriebsgeräusche und andere Emissionen" (??) eines im gleichen Haus liegenden Swinger-Clubs in der Wohnung störend zu hören sind. (Amtsgericht Hamburg)

Das Porno-Zimmer hinter dem Spiegel

Eine recht beunruhigende Entdeckung machten drei Studenten in ihrer WG: Zunächst fielen ihnen am Badezimmerspiegel merkwürdige Verfärbungen auf. Bei genauerem Betrachten stellte sich heraus, dass der Spiegel durchsichtig war. Die daraufhin verständigte Polizei enttarnte diesen dann auch als sogenannten Venezianischen Spiegel. So konnte von einem hinter dem Spiegel liegenden, für die Bewohner jedoch unzugänglichen Raum aus das Geschehen im Bad unbemerkt beobachtet werden. In diesem geheimen Raum fand man bei der polizeilichen Durchsuchung auch zahlreiche Pornohefte und -videos.

Die daraufhin umgehend ausgesprochene Kündigung wollte die Vermieterin allerdings nicht akzeptieren. Zwar hätte sie von dem Venezianischen Spiegel gewusst, aber der würde doch schließlich nur den Wohnwert des Bades mindern – kein Grund, gleich die ganze Wohnung zu kündigen. Die Richter sahen das anders und hielten die Kündigung für wirksam, denn durch die Anbringung eines solchen Spiegels sei die Intimsphäre und das Persönlichkeitsrecht des Klägers massiv gestört worden. Unter diesen Zuständen sei niemandem zuzumuten, das Bad zu benutzen.
Übrigens konnte von der Polizei letztlich nicht aufgeklärt werden, wer den Spiegel eingebaut oder den Raum dahinter genutzt hatte.

Der Hering des Grauens

„Surströmming" gilt in Schweden als Delikatesse. Das sehen andere Länder differenzierter. Der Transport ist wegen möglicher Explosionsgefahr auf Flügen mancher Airlines ausdrücklich verboten. Der Verzehr in Deutschland ist zwar erlaubt, hat aber schon die Gerichte beschäftigt. Es handelt sich dabei nämlich um milchsauer vergorenen und ein halbes Jahr gereiften Hering. Experten öffnen die Dose im 45°-Winkel von sich weg und bedecken sie vor dem Öffnen mit saugfähigem Küchenpapier, damit der Geruch kontrolliert entweichen kann und etwaiger Sud nicht durch die Gegend spritzt. Das unsachgemäße Öffnen einer Dose Surströmming ist in deutschen Mietshäusern nach einem Urteil des Landgerichts Köln ein hinreichender Grund zur Kündigung.
Eine nicht unerhebliche, zur Kündigung des Mietvertrages durch den Vermieter berechtigende Vertragsverletzung liegt vor, wenn die Mieter vorsätzlich die Brühe eines mit Hefe eingelegten Herings „Surströmming" verspritzen, besonders wenn das am Heiligen Abend im Treppenhaus und auf der Kokosmatte vor der Wohnungstür des Zeugen sowie auf dem Rand des Balkons des Zeugen und auf den Büschen und Sträuchern des Gartens geschieht, nachdem sie zuvor von der Vermieterin deswegen abgemahnt worden waren. Das Gericht war aufgrund von Zeugenvernehmungen überzeugt, dass die Mieter

vorsätzlich die übel riechende Pökelbrühe verspritzt hatten, um die Nachbarn zu ärgern. Davon, dass der üble Geruch der Fischpökelbrühe das für die Mitbewohner des Hauses zumutbare Maß bei weitem übersteigt, hat sich das Gericht selbst überzeugt: Die offenbar eine gewagte Prozessstrategie verfolgenden Beklagten öffneten beim Gerichtstermin eine Büchse „Surströmming" im Sitzungssaal.

Porschefahrer haben's manchmal schwer

Noch ein Fall aus dem Mietrecht: Der Besitzer eines Porsche Cayenne hatte einen Tiefgaragenparkplatz gemietet, musste beim ersten Parkversuch allerdings feststellen, dass sein Auto (Breite: 193 cm) entgegen der Zusicherung des Vermieters gar nicht auf den Stellplatz passte. Er kündigte daraufhin den Vertrag und zahlte auch keine Miete. Dies wollte sich der Vermieter des Parkplatzes nicht gefallen lassen und zog vor Gericht. Und tatsächlich gab ihm das Amtsgericht München mit folgender Begründung recht: Es sei grob fahrlässig, wenn man sich als Parkplatz-Anmieter auf die Aussagen des Vermieters zur Eignung für das jeweilige Auto verlasse und diese nicht selbst überprüfe. Dies gelte umso mehr bei Anmietung eines Tiefgaragenstellplatzes für ein Fahrzeug mit überdurchschnittlichen Abmessungen.
Fazit: Wer ein zu dickes Auto fährt, ist selbst schuld – sogar in München.

Beleidigte Mieter

Der aufgebrachte Mieter

Wer den Sohn seines Vermieters mit den Worten „Hau ab, du Arsch" beleidigt, dem kann deshalb nicht fristlos gekündigt werden. Eine solche einmalige verbale Entgleisung sei noch kein Kündigungsgrund, stellte das Amtsgericht Gelsenkirchen fest.

... aber nicht zu dumm zum Klagen

Wer seine Nachbarin mit dem Satz, sie sei „zu dumm zum Bumsen", bedenkt, kann sie dadurch um 750 € reicher machen.

Die lieben Nachbarn

Wenn der Pizzamann dauernd klingelt

Eine weitere, ebenso wirksame wie perfide Methode des Nachbar-Mobbings beschäftigte sogar das Bundesverfassungsgericht: Ein Herr hatte sich von seinem Nachbarn belästigt gefühlt und bestellte aus Rache bei 35 (!) Firmen Waren und Dienstleistungen unter des Nachbarn Namen an dessen Adresse. Dieser erhielt daraufhin ständig Lieferungen von Apotheken, Pizza-Diensten, Getränkemärkten, Heizöllagern usw. Auch wurde eine ganze LKW-Ladung Kies geliefert und auf dem Grundstück abgekippt, Mitarbeiter des Wertstoffhofs wollten seine Couch zur Entsorgung abholen, und in den Abendstunden klingelte der Sanitär-Notdienst wegen angeblich verstopfter Toiletten.
Aber Achtung, auch wenn dies manchen nun insgeheim inspiriert, so wird dringend davon abgeraten: Der Nachbar erlitt letztlich durch die unerwünschten Warenlieferungen und Dienstleistungsangebote Gesundheitsschäden und musste ärztlich behandelt werden. Der ebenso fantasievolle wie fiese Nachbar wurde wegen Betrugs und fahrlässiger Körperverletzung zu einer Geldstrafe von 100 Tagessätzen verurteilt.

Salomon in München

Eine einfallsreiche Entscheidung traf das Landgericht München in einem Nachbarschaftsstreit. Hier hatte eine Mieterin beantragt, dass ihrem Wohnungsnachbarn auferlegt werde, sich ihr nicht näher als 50 m nähern zu dürfen.
Der Hintergrund: Sie hatte ihren Nachbarn aufgefordert, sein Auto von dem von ihr gemieteten Stellplatz wegzufahren. Darauf habe dieser sie beschimpft und am Oberarm festgehalten, um dann auch noch mit einem Kugelschreiber auf sie einzustechen. Außerdem habe er ihr gedroht, wenn sie sein Auto anfasse, habe sie ihr eigenes Auto und Kind nicht mehr lange. Danach habe er mehrmals sie diffamierende Schreiben im Haus ausgehängt, den von ihr beauftragten Abschleppunternehmer körperlich attackiert usw.

Anders klang der Sachverhalt aus Sicht des Nachbarn: Mit einem Kugelschreiber habe er gar nicht zustechen können, da seine Hand zu dieser Zeit eingegipst war und er den Daumen nicht benutzen konnte. Zudem sei der fragliche Parkplatz gar nicht von der Nachbarin gemietet gewesen und überhaupt die Abstandspflicht von 50 m wegen des gemeinsam von den Parteien genutzten Treppenhauses gar nicht praktikabel.
Das Gericht erwirkte daraufhin wahrhaft salomonisch die Verpflichtung der beiden, wechselseitig für die Dauer von sechs Monaten keinen Kontakt zum jeweils anderen aufzunehmen und insbesondere Telefonate, Briefe, Aushänge und persönliche Ansprachen zu unterlassen. Für jeden Verstoß verpflichtete sie die Parteien zur Zahlung von 200 € an eine wohltätige Organisation.

Grillen nach Stundenplan

Rege Grillaktivitäten der Nachbarn mit Qualm-, Lärm- und Steakgeruchentwicklung sind nicht jedermanns Sache. Sommer für Sommer beschäftigt so mancher Grill-Nachbarsstreit die deutschen Gerichte. Dass auch hier irgendwann das Ende der Fahnenstange erreicht ist, zeigt ein Fall aus Niedersachsen: Hier wollte ein Nachbar den anderen gerichtlich dazu verpflichten lassen, ihm geplante Grillaktivitäten jeweils 48 Stunden vorher anzuzeigen, damit er sich entsprechend darauf einstellen könne. Dafür hatte der Richter kein Verständnis und wies die Klage mit dem Argument ab, dass dies dann doch „dem Grillen die ihm innewohnende Spontaneität nähme".
(Amtsgericht Westerstede)

Zwergenstreitigkeiten

Roter Zipfel vor leuchtendem Grün

Nach Meinung des Hanseatischen Oberlandesgerichts stellen Gartenzwerge in einer von mehreren Wohnungseigentümern genutzten Wohnanlage eine ästhetische Beeinträchtigung des optischen Gesamteindrucks dar. Sie stören die Harmonie und müssen entfernt werden. Das Gericht führte wörtlich aus: „Wie die bei den Akten befindlichen Fotos zeigen, fallen die Gartenzwerge trotz ihrer geringen Abmessungen durch ihre leuchtend rote Zipfelmütze im sie umgebenden Grün des Gartens auf und können auch von der an der Grenze verlaufenden Straße her eingesehen werden. Die Aufstellung von Gartenzwergen – anders als etwa die von ähnlich kleinen Objekten wie Vogeltränken oder einer kleinen Tierplastik – unterliegt allgemein durchaus gegensätzlicher Beurteilung insbesondere im ästhetischen Bereich, die nicht wenige Menschen in ihren Gefühlen berührt und geradezu ideologisch überfrachtet sein kann. Während die einen in der Aufstellung von Gartenzwergen den Ausdruck von Beschränktheit und das Zeichen eines schlechten Geschmacks sehen, sind die anderen zu mildem Urteil und humorvoller Duldung einer in einer langen Tradition begründeten Einrichtung geneigt."

Zwerg intim

Gartenzwerge können niedlich sein. Unerträglich aber empfanden Nachbarn im Raum Essen den Anblick, den ihnen ein Nachbar bereitete. Er hatte auf seinem Garagendach einen 50 cm großen Gartenzwerg aufgestellt, der mittels provokativen Öffnens seines Zwergenmantels in exhibitionistischer Pose seinen Zwergenschniedel präsentierte, der jedoch, so verteidigte sich der Nachbar, eher klein und auch nicht erigiert war. Der zeigefreudige Zwerg musste trotzdem wieder entfernt werden, da Änderungen an der Außenfront ohne Zustimmung der versammelten Wohnungseigentümer nicht gestattet seien, wie der von den Nachbarn angerufene Richter entschied. Er war zwar der Meinung, dass selbst ein exhibitionistisch veranlagter Gartenzwerg ein Ziergegenstand sei, aber wegen seiner Ungewöhnlichkeit sei davon ausgehen, dass dieser nie die Zustimmung aller Wohnungseigentümer erhalten werde.

Frustzwerge verboten

Während eines Nachbarrechtsstreits wegen angeblicher Ruhestörung stellte der Beklagte von ihm selbst geschaffene, 30 bis 35 cm große gartenzwergartige Tonfiguren unter anderem in seinem Garten auf. Im Gegensatz zu den üblicherweise bieder und brav wirkenden Gartenzwergen handelte es sich bei den vom Kläger aufgestellten Zwergen um solche, die verschiedene für einen Gartenzwerg untypische Posen und Gesten einnahmen: Ein Zwerg zeigte dem Betrachter mit herausgestreckter Zunge den erhobenen Mittelfinger, ein anderer beugte sich mit heruntergelassenen Hosen nach vorne und zeigte sein entblößtes Hinterteil. Andere Wichtelmänner hielten sich mit geschlossenen Augen die Nase zu und zeigten einen „Vogel" oder bildeten mit Daumen und Zeigefinger einen Kreis. Ein Zwerg im Kostüm des Scharfrichters mit Beil und Kapuze und ein gehängter Wichtel an einem Baum im Garten des Beklagten vervollständigten die Zwergensammlung. Eine Schilder tragende Gruppe stellte Parolen wie „Pfälzer in die Pfalz, Wuppertaler in die Wupper" und „Zieht endlich aus, wir wollen Frieden im Hof!" zur Schau. Die Zwerge waren die meiste Zeit über so postiert, dass sie vom Haus des Klägers aus gut einzusehen gewesen seien, insbesondere, da der Beklagte sie nachts sogar mit Spots anleuchtete.
Der Kläger begehrte die Beseitigung dieser Zwerge. Er war der Meinung, die durch sie dargestellten Posen und Gesten hätten ehrverletzenden und beleidigenden Charakter. Besondere Bedeutung komme dem Schild mit der Aufschrift „Pfälzer in die Pfalz, Wuppertaler in die Wupper" zu, denn diese Aussage habe im Bezug auf den aus Wuppertal stammenden Kläger nicht nur ehrverletzenden und beleidigenden Charakter, sondern stelle vielmehr eine verbale Bedrohung des Klägers dar. Der Beklagte sah das ganz anders. Mit der Aufstellung der Zwerge habe er lediglich den Abbau seines angestauten Frustes über den vom Kläger anhängig gemachten Rechtsstreit wegen des von ihm angeblich verursachten Lärms sowie über die

ständigen Querelen und Streitigkeiten im Nachbarschaftsverhältnis bezweckt. Eine Beleidigung oder gar Bedrohung durch die Aufstellung der Zwerge sei von ihm zu keiner Zeit beabsichtigt gewesen. Die Zwerge an sich seien völlig harmlos und würden unter Würdigung des Gesamtbildes weder störend noch beleidigend wirken.
Das Amtsgericht Grünstadt war anderer Meinung. Die Posen und Gesten dieser Zwerge stellten sich – trotz ihres zweifellos künstlerischen Wertes – als grobe Beleidigung des Klägers dar, was nach Überzeugung des Gerichts auch die Absicht des Beklagten war. Nach Ansicht des Gerichts wollte der Beklagte „seine zweifellos vorhandene künstlerische Begabung“ dazu missbrauchen, um seiner Absicht, den Kläger zu kränken und zu beleidigen, eine feste Form zu geben.

Menschliche Regungen

Betrunken in der Klimaanlage – 10 Millionen Dollar?

Ein ehemaliger US-Soldat kletterte eines Nachts betrunken in die große Klimaanlage eines Hotels, um dort seinen Rausch auszuschlafen. Dabei ließ er sich nicht von gut sichtbaren Schildern mit der naheliegenden Aufschrift „Danger" abhalten. Als die Ventilatoren anliefen, nahm das Unheil seinen Lauf. Der Mann konnte sich infolge seiner Trunkenheit nicht mehr schnell genug in Sicherheit bringen und verblutete. Seine Familie verklagte den Hotelinhaber auf 10 Millionen Dollar Schadensersatz.

Der Fall des Nacktjoggers von Freiburg

Der 50-jährige Diplom-Psychologe Dr. D. spazierte gerne durch Freiburg, manchmal fuhr er auch mit dem Mountainbike. Bekleidet war er dabei lediglich mit Schuhen und Strümpfen. Zwar führte er ein T-Shirt mit sich, statt auf dem Körper trug er es aber in der Hand. Immerhin hatte er seinen Penis in einen dehnbaren Damenstrumpf gesteckt, der auch die Hoden umschloss und bis an die Gegend der Schamhaare bzw. deren Örtlichkeit reichte, wobei diese Örtlichkeit jedoch sichtbar blieb. Der Po war völlig unbedeckt. Der FKK-Fanatiker wurde angezeigt und hatte sich gegen den Vorwurf „grob ungehörigen Verhaltens" zu verteidigen. Sein Argument war, der Damenstrumpf stelle eine hinreichende Bekleidung dar, zumal die Stadt seine früher schon öffentlich gezeigte Bekleidung, ein Dreiecktuch bzw. einen String-Tanga, nicht beanstandet hatte. Er wurde trotzdem mit einem Bußgeld belegt, denn er habe sich auf öffentlichen Straßen und Plätzen mit unbekleidetem Geschlechtsteil präsentiert. Unerheblich sei, ob das Geschlechtsteil völlig entblößt oder mit einem nicht befestigten Damenperlonstrumpf verhüllt war, der den Blick auf das Geschlechtsteil oder Teile davon aufgrund des durchsichtigen Materials oder bei der Bewegung freigab. Der Anblick des derart entblößten Gliedes sei geeignet, einen anderen in seinem

Empfinden nicht unerheblich zu beeinträchtigen, das heißt Abscheu, Ekel, Schock, Schrecken oder Verletzung des Schamgefühls hervorzurufen.

Ich will nicht neben Dicken sitzen

Ein US-Rechtsanwalt musste den zweistündigen Flug von New Orleans nach Cincinnati eng an einen übergewichtigen und sehr großen Mann geschmiegt verbringen. Dies sei äußerst unbequem gewesen, er habe Angstgefühle und emotionalen Stress durchlitten. Nun verlangt er von der Fluggesellschaft 10.000 Dollar.

Figaros in Nöten

Regelrechte Dramen spielen sich in der deutschen Rechtsprechung ab, wenn es an das Thema Haare geht. Vor allem die Damenwelt verklagt hier gern mal den Figaro, meist wegen misslungener Dauerwellenbehandlungen. Anders als etwa bei Klagen wegen mangelhafter Urlaubsreisen oder defekter Pkws traut sich hier kaum ein (meist männlicher) Richter zu, aus eigener Anschauung ein Urteil zu fällen, sondern veranlasst die kostspielige Erstellung eines Sachverständigen-Haargutachtens. Diese lesen sich häufig geradezu wie ein Arztbericht aus dem Emergency Room: „Es fehlte sowohl eine sachgemäße Diagnose als auch eine Vor- und Nachbehandlung, falsche Dauerwickler und Haftgummis wurden verwendet, dazu eine fehlerhafte Auftragetechnik und viel zu aggressive Dauerwellenlösung." In der Folge brechen die Haare ab, reizt sich die Kopfhaut, kurz, die Haarpracht ist hinüber. Die Gerichtsentscheidungen fallen dann je nach Einzelfall unterschiedlich aus.

- § So bekam eine Frau in Niedersachsen (Amtsgericht Elze) ein Schmerzensgeld von 400 € zugesprochen, da der „Gesamteindruck der Frisur optisch stark beeinträchtigend" war und die Klägerin doch tatsächlich wegen der Misere „zwei Feiern absagen" musste.
- § Interessant klingt auch der Fall jener Dame, bei der die missglückte Dauerwelle laut Amtsgericht Köln insbesondere deshalb zu deutlichen psychischen Beeinträchtigungen

führte, da sie sich „in einem Kulturkreis bewegt, in dem der Besitz von langen und schönen Haaren als besonders positiv empfunden wird“.

§ Immerhin hielt das Landgericht München es in einem Fall dann doch für eine „Überreaktion“, dass die Klägerin wegen der verunglückten Dauerwelle für einen längeren Zeitraum Theaterbesuche, Tanzabende und sportliche Aktivitäten absagte und durch das schmerzhafte Zusammenbinden der Haare Schlafstörungen und Magenprobleme erlitt – sprach aber trotzdem 500 € Schmerzensgeld zu.

§ Dass die haarigen Probleme aber nicht nur die Damenwelt hart treffen, sondern auch vor dem starken Geschlecht nicht halt machen, zeigt eine Klage aus Emden: Hier hatte ein Friseur ohne derartigen Auftrag, aber mit schnellem Schnitt, den lange Jahre sorgsam gezwirbelten „Kaiser-Wilhelm-Bart“ eines freischaffenden Künstlers auf eine ganz und gar nicht mehr majestätische Zwergenlänge von 1 cm gestutzt – und wurde zur Zahlung von 150 € Schmerzensgeld verurteilt. (Amtsgericht Emden)

Sarg muss sein, Grabstein nein

Nach dem Tod ihrer Mutter bzw. Schwiegermutter beauftragten die Hinterbliebenen einen Steinmetz, ein Urnengrabmal zu fertigen und aufzustellen. Den Preis von mehr als tausend Euro blieben sie jedoch ohne Grund schuldig. Der Handwerker, der sich das Eigentum am Grabmal bis zur vollständigen Bezahlung vorbehalten hatte, erwirkte hinsichtlich seines Zahlungsanspruchs einen Vollstreckungsbescheid. Nach mehreren erfolglosen Vollstreckungsversuchen wurde ein Gerichtsvollzieher beauftragt, das Grabmal zu pfänden. Dieser lehnte ab, Amts- und Landgericht sahen das ebenso. Der Bundesgerichtshof aber entschied, dass die Pfändung eines Grabmals zulässig ist. Unpfändbar sind diejenigen Gegenstände, die zur unmittelbaren Verwendung bei der Bestattung bestimmt sind. Das aber ist bei einem Grabmal oder Grabstein, anders als bei einem Sarg, nicht der Fall. Die werden häufig erst geraume Zeit nach der eigentlichen Bestattung aufgestellt und dienen dem Andenken des Verstorbenen. Ob sich ein Pfändungsverbot generell aus Pietätsgründen ergeben kann, ließ der Senat offen. Pietätsgründe müssen jedenfalls dann zurücktreten, wenn, wie hier, der Steinmetz Eigentümer geblieben war.

Toilettenterror

Verkneifen unzumutbar

Man kann sich gut die Qualen des Opfers folgenden Dramas vorstellen, denn jeder dürfte sich bereits einmal in einer vergleichbaren Notlage befunden haben. Das Amtsgericht Frankfurt hatte über die Klage eines Reisenden gegen die Deutsche Bahn AG zu entscheiden. Er verlangte Entschädigung nicht nur dafür, dass sein Zug Verspätung hatte, sondern auch deshalb, weil ihm kein Sitzplatz zur Verfügung stand. Und dies nicht nur im Abteil, sondern schlimmer noch, auch nicht auf den WCs … Alle Toiletten bis auf eine waren nämlich wegen Wassermangels geschlossen. Und die einzig funktionsfähige Toilette in dem überfüllten ICE wurde, warum auch immer, vom Bordpersonal verschlossen gehalten. Dies führte dazu, dass „der Kläger sich zwei Stunden mit seinem dringenden Bedürfnis quälen musste, weil er keine freie Toilette fand". Das Gericht gab dem gequälten Passagier recht, denn es sei eine Pflicht der Bahn, den „quasi im Zug eingeschlossenen" Reisenden die Möglichkeit der Toilettenbenutzung einzuräumen und verurteilte mit dem sachverständigen Hinweis, dass bei der Schmerzensgeldbemessung „Heftigkeit und Dauer der Unannehmlichkeiten" zu berücksichtigen seien, immerhin zu 402 € Schmerzensgeld.

Auf der Toilette festgeklebt – 3 Millionen Dollar?

Ein Amerikaner verklagte einen US-Baumarkt auf 3 Millionen Dollar: Ein Witzbold unter den Kunden hatte Leim auf den Sitz der Kundentoilette geschmiert, der nichtsahnende Kläger war kleben geblieben und musste befreit werden.

Mit einer Notdurft war nicht zu rechnen

Dass das Verrichten der Notdurft nicht immer nur erleichternde Wirkung haben kann, sondern durchaus auch beschwerende, musste ein Mann aus Thüringen am eigenen Leibe erfahren: Bei nächtlicher Autofahrt von starkem Drang bedrängt, biegt der Mann in einen Feldweg ein, entdeckt ein Lager mit

riesigen Strohballen, hält diese für den perfekten Sichtschutz und verrichtet also seine Notdurft dahinter.
Kaum erleichtert, stürzt aus luftiger Höhe ein Strohballen auf ihn herab und begräbt ihn unter sich. Die Klage auf Ersatz des dadurch entstandenen Schadens gegen den Inhaber des Strohballenlagers wegen Verletzung der Verkehrssicherungspflicht aber lehnt das Gericht in zweiter Instanz ab. Begründung: Wer Strohballen auf einem privaten Grundstück aufschichtet, muss nicht damit rechnen, dass die Fläche dahinter als Toilette zweckentfremdet werde. Deshalb muss auch niemand unerwünschte Toilettengänger vor Gefahren durch herabfallende Ballen schützen. Überdies, so ein weiteres Argument der Richter, sei es stockdunkel gewesen, sodass der Kläger bei Verrichtung seines „Geschäfts" keines Sichtschutzes bedurfte. Und außerdem habe der Mann sich hier auch noch als Strohdieb auf dem Grundstück aufgehalten, denn eigenen Angaben zufolge habe er „etwas Stroh mitnehmen wollen". (Oberlandesgericht Jena)
Fazit: In prekären Situationen lieber Taschentücher statt Stroh benutzen und auf Sichtschutz verzichten!

Bis(s) zur Gerichtsverhandlung

Dass Vampir-Romanzen die Bestsellerlisten anführen, ist eine aktuelle Modeerscheinung. Die Gerichte beschäftigen Bisse aller Art schon länger und mit schöner Regelmäßigkeit. So findet sich eine beachtliche Vielzahl von Gerichtsfällen zu diesem knackigen Thema. Hier ein kleiner Ausschnitt:

§ Äußerst schmerzvoll dürfte das Gespräch zwischen zwei Spaziergängern beendet worden sein, als der Pitbull des späteren Beklagten den späteren Kläger spontan und ohne Anlass in Penis und Hodensack biss, was bei diesem zu wochenlangen Schmerzen beim Urinieren sowie zu sexuellen Problemen führte. Dem schwäbischen Gericht, das hierüber zu entscheiden hatte, war dieser Biss immerhin ein Schmerzensgeld von 2500 € wert. (Amtsgericht Münsingen)

§ Recht pikant auch der Fall einer Kellnerin, der sich der Inhalt eines vom Gast umgestoßenen Bierglases über die Kleidung und ihren nur mit einer Sandale bekleideten Fuß ergoss. Statt selbst für Behebung des Malheurs zu sorgen, hielt sie neckisch dem Gast ihren Zeh zur Reinigung hin. Doch dieser dachte nicht an sanftes Ablecken, Abtrocknen oder dergleichen, sondern biss herzhaft in den dargebotenen Zeh, dies so stark, dass dabei eine blutende Wunde entstand. 400 € Schmerzensgeld wurden hier fällig. (Amtsgericht Gelsenkirchen)

§ Ein eher indirekt verursachter Biss ereignete sich in Niedersachsen. Dort berührte ein Hund beim Gassigehen ein nur unzureichend isoliertes Stromkabel einer eingesetzten Straßenzusatzbeleuchtung und erhielt einen ordentlichen Stromschlag. Solcher Art elektrisiert, biss er im Affekt sein Herrchen gleich in beide Hände. Die verklagte Gemeinde musste 500 € Schmerzensgeld zahlen. (Landgericht Bückeburg)

Liebesleiden

Sex auf der Kirchenempore ist lauter als die Polizei erlaubt

Polizisten, die in Bayern beim Sex in der Kirche ertappt werden, können nur noch beten. Nämlich darum, dass das anschließende unerfreuliche Nachspiel nicht in einem Jobverlust endet. In einer Pfarrkirche in Oberbayern waren während des Rosenkranz-Gebetes ungewöhnliche, jedoch keinesfalls himmlische Geräusche zu vernehmen, auch wenn sie von oben kamen. Wie sich herausstellte, stammten sie von einem jungen Pärchen, das ganz und gar nicht ins Gebet, sondern in sich selbst versunken war und die Kirchenempore zum Liebesspiel nutzte. Von einer Kirchenbediensteten aufgeschreckt, konnte die Dame unerkannt entkommen. Der beteiligte Mann aber wurde als örtlicher Polizist erkannt und im Anschluss wegen des Verdachts der Störung der Religionsausübung vom Dienst suspendiert, als sein Arbeitgeber von der ungewöhnlichen Polizeistunde erfuhr.

Liebeszauber ohne Garantie

Eine Dame wollte nicht akzeptieren, dass ihr Lebensgefährte sich von ihr getrennt hatte. Deshalb wandte sie sich an eine Frau, die sich als „Hexe“ bezeichnete. Schnell war man sich einig, dass ein Liebeszauber durchgeführt werden solle, um den Abtrünnigen dadurch zur Rückkehr zu bewegen. Die Hexe führte dann monatelang jeweils vor Vollmond das entsprechende Ritual durch. Der Erfolg blieb jedoch ganz überraschenderweise aus.
Die erneut enttäuschte Verlassene verlangte deshalb von der Hexe ihre bereits gezahlten 1000 € zurück. Die Hexe wiederum sah das gar nicht ein, denn einen Erfolg habe sie ja gar nicht versprochen: Solch ein Ritual sei halt nicht immer wirksam, auch wenn es grundsätzlich geeignet sei, Paare wieder zusammenzuführen.
Die bayerischen Richter beendeten den Zauber auf ihre Weise und verurteilten die Beklagte zur Rückgabe des Geldes. Hier sei für etwas gezahlt worden, das objektiv unmöglich sei. Ein Liebesritual könne Menschen aus der Ferne nicht beeinflussen

und deshalb auch keine Vergütung dafür verlangt werden. (Landgericht München)

Liebe oder Geld – versprochen ist versprochen!

Ein weiterer Trennungsfall, bei dem sich der Ex allerdings nicht vor Hexenzauber schützen, sondern schlicht und einfach ziemlich blechen musste:
Das nicht verheiratete Paar hatte während seiner Beziehung ausgemacht, dass er ihr im Falle einer Trennung 15.000 € zahlen würde. Dies sollte dafür entschädigen, dass der Freundin durch Aufgabe der eigenen Wohnung und Umzug zu ihm deutliche Unkosten entstanden waren.
Das gemeinsame Glück im trauten Heim hielt tatsächlich nicht lange, denn der Mann lernte eine neue Frau kennen, der er offensichtlich den Vorzug gab. Von den 15.000 € wollte er aber fortan auch nichts mehr wissen: Solch ein Versprechen sei doch viel zu pauschal und verstoße gegen die guten Sitten.
Seine Exfreundin verklagte ihn jedoch auf Zahlung und bekam Hilfe durch das Landgericht Coburg, zumindest in finanzieller Hinsicht. Das vom Beklagten abgegebene schriftliche Versprechen sei in diesem Fall absolut wirksam und das versprochene Geld folglich zu zahlen.
In seiner Presseerklärung schreibt das Gericht abschließend sehr schön: „Ein kühler Kopf in der Liebe? Vielleicht schlecht für leidenschaftliche Gefühle, aber gut für den Geldbeutel."
Pikant an der Geschichte ist übrigens noch, dass auch die Freundin verurteilt wurde: Sie hatte nämlich den Anlass für die Trennung, einen Seitensprung des Mannes, auf Video aufgezeichnet und drohte dem Ex mit der Veröffentlichung der Aufnahme. Eine Bewährungsstrafe wegen versuchter Erpressung kam dabei für sie heraus.

Anno ’66: Eheliche Pflicht zu begeistertem Beischlaf

Eine mittlerweile überholte und aus heutiger Sicht beinahe skandalös zu nennende Entscheidung des Bundesgerichtshofs aus dem Jahre 1966 beschäftigte sich mit der Frage, wie weit die „Pflicht zur ehelichen Lebensgemeinschaft“ geht. Ein Ehemann hatte auf Scheidung seiner Ehe geklagt, da seine Frau gegenüber dem „ehelichen Verkehr“ keine akzeptable Einstellung mehr habe, die Ehe sei deshalb total zerrüttet. Seine Frau hatte ihm (und auch anderen) gegenüber erklärt, sie empfinde nichts beim Geschlechtsverkehr und sei imstande, dabei Zeitung zu lesen. Der eheliche Verkehr sei eine reine Schweinerei. Lieber gebe sie ihm Geld fürs Bordell bzw. solle er sich eben selbst befriedigen. Und entsprechend habe seine Frau sich beim ehelichen Verkehr dann auch verhalten.

Aus Sicht der Ehefrau klang das alles etwas anders: Grund für ihr Verhalten sei eine außereheliche Affäre des Mannes.

Der Bundesgerichtshof stellte fest, dass die Ehefrau ihren ehelichen Pflichten nicht genügte. Wenn es ihr schon nicht möglich sei, „im ehelichen Verkehr Befriedigung zu finden, so fordert die Ehe von ihr doch eine Gewährung in ehelicher Zuneigung und Opferbereitschaft und verbietet es, Gleichgültigkeit oder Widerwillen zur Schau zu tragen“. Für das Gericht war deshalb verständlich, dass der Mann „sich aus diesem Grunde einer Frau zugewandt hat, die im Verkehr mehr zu finden und zu geben vermochte“ als die eigene Ehefrau.

Schmerzensgelder, die man kennen sollte

Polizistenbeschimpfungen

Nicht jeder mag Polizisten, man sollte jedoch genau überlegen, welche Meinungsäußerung man sich leisten will:

Zunge rausstrecken	150 €
Bekloppter	250 €
Drecksviecher / Trottel	400 €
Zu dumm zum Schreiben	450 €
dumme Kuh	500 €
Wegelagerer	500 €
Asozialer	550 €
Duzen (es sei denn man ist Dieter Bohlen)	600 €
Beleidigungen wie: du Hund, du schwule Sau, ihr Polizistenschweine, ihr Arschlöcher	600 €
Spucken ins Gesicht	600 €
Sie sind ja krankhaft dienstgeil	800 €
Kasperleverein	1000 €
Wichtelmann	1000 €
Raubritter	1500 €
Trottel in Uniform	1500 €
am liebsten würde ich jetzt Arschloch zu dir sagen	1600 €
fieses Miststück	2500 €
Mittelfinger zeigen	4000 €

Das dicke Ende

Und hier noch in Kürze ein paar ausgewählt grobe Fälle und die dafür zugesprochenen Schmerzensgelder.

- § Ein Autofahrer hatte eine Frau absichtlich im Autofenster eingeklemmt und sie daraufhin 30 m weiter mitgeschleift (2000 €, Amtsgericht Ulm).
- § Einem Patienten wurde während einer Operation das falsche Kniegelenk arthroskopiert (2000 €, Landgericht Bremen).
- § Eine Frau musste zusehen, wie ihr Kater vom Nachbarshund getötet wurde, sie hörte das arme Tier „schreien und seine Knochen zerbrechen“ (70 €, Amtsgericht Viersen).
- § Die verunglückte Einsetzung von Brust-Implantaten bei einer Frau ließ sich auch mit fünf Nachoperationen nicht korrigieren. Weder wurde der gewünschte, der Schwerkraft trotzende Effekt erreicht, noch ließ sich die verursachte „Asymmetrie der Brüste“ wieder beseitigen (2500 €, Amtsgericht Düsseldorf).
- § Ein falsch montierter Toaster hatte einer Frau bei Benutzung einen derart starken Stromschlag versetzt, dass sie eine Woche arbeitsunfähig war (500 €, Amtsgericht Neu-Ulm).
- § Eine Lernkrankenschwester hatte im Krankenhaus versehentlich die Zahnprothese einer Patientin weggeworfen – diese musste in mehreren Behandlungssitzungen neu angefertigt werden (500 €, Oberlandesgericht Thüringen).

Promis
und andere wichtige Menschen

Das große Rechtsquiz

1. Was versteht man unter einem Knallzeugen?

a) einen Zeugen, der vor Gericht die Beherrschung verliert
b) einen Zeugen, der von einem Autounfall nur das Geräusch mitbekommt und sich dann den Sachverhalt selbst zusammenreimt
c) Bewertung eines Zeugen durch das Gericht als nicht zurechnungsfähig

2. Was ist ein fliegender Gerichtsstand?

a) ein provisorisch gebautes Gerichtsgebäude im Sturm
b) die Möglichkeit, unter mehreren Gerichtsorten den geeignetsten auszusuchen
c) Richterjargon für „Betriebsausflug“

3. Was versteht man unter einem Realakt?

a) bevorzugte Position der Fans von Real Madrid beim Liebesspiel
b) eine gesetzliche Rechtsfolge, die unabhängig von einem willentlichen Handeln eintritt (Besitzerwerb, Schatzfund)
c) Akten, die schriftlich (real) und nicht elektronisch (digital) bei Gericht geführt werden

4. Was ist eine Kardinalpflicht?

a) Verhaltenskodex für hohe Geistliche
b) Vertragsregelungen von großer Bedeutung
c) Pflicht zur Verwendung roter Roben als Amtstracht der Richter am Bundesverfassungsgericht

5. Was ist eine Abmeierung?

a) Verbot gleichlautender Doppelnamen (wie exemplarisch „Meier-Meier“)
b) unsachliche Kritikäußerung
c) Entzug des bäuerlichen Pachtrechts durch den Grundherrn

Auflösung: 1 b), 2 b), 3 b), 4 b), 5 c)

Beleidigungen von und durch Promis

Sacha „Borat“ Baron Cohen und das Imageproblem des Lebensmittelhändlers aus Bethlehem

Aiman Abu Eita verklagt den als „Borat“ bekannt gewordenen englischen Komiker Sacha Baron Cohen auf 110 Millionen Dollar Schadensersatz wegen übler Nachrede. In Cohens Film „Brüno“, der Geschichte eines schwulen österreichischen Modeschöpfers auf der Suche nach Weltruhm, kommt Brüno auf die Idee, sich zur Steigerung seines Bekanntheitsgrades von der militanten Al-Aqsa-Brigade entführen zu lassen. Eita wird im Film als gefährlicher Anführer der Terroristentruppe vorgestellt, der aber im Gespräch mit Brüno dessen Entführungswunsch ablehnt. Eita ist in Wirklichkeit gar kein Terrorist, sondern ein friedlicher palästinensischer Lebensmittelhändler, der mit seiner Frau und seinen vier Kindern bei Bethlehem lebt und sein Leben von Cohen zerstört sieht. Er leide unter Depressionen und Angstzuständen und sein Ansehen als Geschäftsmann sei ruiniert, seit Cohen ihn in seinem Film fälschlich als Terroristen porträtiert habe. Vor einem amerikanischen Gericht fordert Abu Eita nun Schmerzensgeld in Höhe von insgesamt 110 Millionen Dollar, mehr als die Hälfte der gesamten Einnahmen, die der Film erzielt hat. Eita fühlt sich von Cohen getäuscht, dieser habe ihm gesagt, er sei ein deutscher Schauspieler, der Dokumentarfilme für junge Leute drehe.

30 Millionen Dollar – „Borat“ und die beleidigten Kasachen

Die Bewohner des rumänischen Dorfes Glod wohnen in Holzhütten, es gibt keinen Wasseranschluss und keine Kanalisation. Aber es gibt dort geschäftstüchtige durchreisende Anwälte. Sie werfen den Produzenten der Filmsatire „Borat“ Diskriminierung sowie Irreführung und Betrug der Dorfbevölkerung vor. In dem Film „Borat“, der Schilderung der Abenteuer eines angeblichen Kasachen in den USA, wird das Dorf als Heimatort des fiktiven Reporters vorgestellt. Ein Kläger wird im Film als „Schweißer und Abtreibungsgynäkologe“ vorgestellt, der andere als „Dorfvergewaltiger“. Beide Männer hatten als Statisten mitgewirkt und klagten darüber, nicht ausreichend über den Inhalt des Filmes informiert worden zu sein. Die Produktionsfirma hätte ihnen erklärt, sie würden einen Dokumentarfilm drehen, der ihr Dorf vorstelle – dass sie in einem Spielfilm mitwirken, sei ihnen nicht bekannt gewesen.

Duzen? – Der Dieter darf das

Ein typischer Beispielfall für eine Beleidigung ist, wenn man jemanden ohne dessen Zustimmung duzt. Anzeigen wegen unerlaubten Duzens im Alltagsleben sind eher selten, regelmäßig fühlen sich aber Polizisten nach derart vertrauter Ansprache in ihrer Achtung beeinträchtigt und stellen Strafanzeige. So geschehen 2005, als der bekannte Bestsellerautor, Sänger und Nebenerwerbsjuror Dieter Bohlen in der Hamburger City seinen BMW Z8 auf dem Gehweg geparkt und daraufhin mit einem vorbeischlendernden Polizisten näher ins Gespräch gekommen war. Weitere Vorhaltungen, Bohlen habe sich zur Unterstützung seiner Argumentation mehrfach in den Schritt gefasst und dem Beamten unschöne Dinge mitgeteilt, konnten im weiteren Verlauf nicht durch Zeugenaussagen bestätigt werden. Durch Zeugen bestätigt wurde jedoch der Vorwurf des Duzens. Daraufhin war für die Staatsanwaltschaft der Fall klar: Sie beantragte beim Amtsgericht Hamburg einen Strafbefehl gegen den Künstler. Der Amtsrichter weigerte sich aber, den Strafbefehl auszustellen, und begründete das damit, dass bekannt sei, dass Dieter Bohlen jeden duze und dies bei ihm eben nicht die Kundgabe von Missachtung, sondern sein normaler Umgangston sei. Die Staatsanwälte beschwerten sich daraufhin beim Landgericht. Doch auch da kennt man offensichtlich Bohlens Umgangsformen. Denn die Große Strafkammer entschied: Dieter Bohlen darf Beamte duzen. Da „das Duzen zu seinen normalen Umgangsformen" gehöre und er „augenscheinlich ein gleiches Verhalten bei öffentlichen Auftritten an den Tag" lege, könne die vertrauliche Anrede eines Polizisten im Fall Bohlen nur als „Unhöflichkeit ohne ehrverletzenden Inhalt zu werten" sein, hieß es Presseberichten zufolge in der Begründung für die Nichteröffnung des Beleidigungsverfahrens.

Niveau spielt keine Rolle: Dieter Bohlen ist Künstler

Das Künstlersozialversicherungsgesetz (KSVG) regelt die gesetzliche Sozialversicherung von Künstlern. Wer aber ist nun Künstler im Sinne des KSVG? Die Gerichte hatten bereits zahlreiche Fälle zu entscheiden. Demnach sind neben unbestrittenen Künstlern wie Malern, Musikern und Autoren unter anderem auch bei folgenden Tätigkeiten anerkannte Kunstausübungen im Sinne des KSVG gegeben: Bauchredner, Catcher, Clown, Doppelgänger, Fakir, Feuerschlucker, Geräuschemacher, Hellseher, Hypnotiseur, Karnevalist, Trauerredner, Stuntman, Vorführerin von Damenunterwäsche.
Keine Künstler hingegen sind: Bibellehrer, Foodstylist, Fotomodell, Gesprächsteilnehmer in Talkshows, Karaokesänger, Komparse, Quizassistent, Souffleur, Striptease-Tänzer(in), Tierpräparator, Tiertrainer, Werbefachwirt und Yoga-Lehrer.
Dieter Bohlens Kommentare in der RTL-Show „Deutschland sucht den Superstar“ sind dem Bereich der Kunst zuzuordnen. Dies hat doch tatsächlich das Sozialgericht Köln entschieden. Nach diesem Urteil muss RTL für die Honorare Bohlens und der anderen Superstar-Jury-Mitglieder einen sechsstelligen Abgabenbetrag an die Künstlersozialkasse zahlen. Die Jury-Kommentare über die von Kandidaten dargebotenen Gesangsleistungen hätten eine freie schöpferische Gestaltung erkennen lassen und zum Unterhaltungscharakter der Show beigetragen, erklärte der Vorsitzende Richter.
RTL hatte gegen den Beitragsbescheid der Künstlersozialkasse geklagt. Der Sender argumentierte, die Jury sei nicht künstlerisch tätig gewesen. Das Gericht wies die Klage des Senders nun jedoch ab. Die Jury habe die Kandidaten spontan und mit möglichst unterhaltsamen Formulierungen bewerten müssen. „Auf das künstlerische Niveau kommt es dabei nicht an“, erklärte der Richter. Schon ein sehr geringer Grad der schöpferischen Eigenleistung reiche aus, um eine Tätigkeit als künstlerisch einzustufen. Der Richter kam zu seinen Erkenntnissen, nachdem bzw. obwohl er sich im Gerichtssaal stundenlang Aus-

schnitte aus der Casting-Show „DSDS" zeigen ließ. Darin gab Bohlen künstlerische Kommentare vom Kaliber „Die Stimme klingt wie Kermit, wenn man hinten drauf tritt" oder „Du hättest mir auch sagen können, dass Du singst. Seit einer halben Stunde öle ich die Tür" ab.

Thomas Anders' „Gerechte Träume"

2005 verhandelte das Landgericht Berlin über eine Millionenklage von Thomas Anders gegen Dieter Bohlen. Anders sah durch Passagen in Bohlens Buch „Hinter den Kulissen" seine Persönlichkeitsrechte verletzt. Das Berliner Landgericht hatte Bohlen und dem Verlag bereits 2003 untersagt, die Äußerungen zu wiederholen oder zu verbreiten. Daraufhin wurde die zweite Auflage geändert. Nun ging es zusätzlich zur Unterlassung um Schmerzensgeld wegen angeblich gravierender Persönlichkeitsrechtsverletzungen.
Das Gericht wies die bis dahin höchste Schmerzensgeldforderung in der deutschen Rechtsgeschichte zur offenkundigen Überraschung von Anders und seinen Anwälten vollständig ab. „Anders geht es nicht ernsthaft um Genugtuung, sondern um Aufmerksamkeit in dem Streit unter Künstlern", sagte der Richter. Das zeige schon die Höhe der verlangten Summe von exakt einer Million Euro. Zur Überzeugung des Gerichts stand fest, dass Anders mit der Klage lediglich einen PR-Gag gestartet hatte. Seine Klage habe der Sänger via FOCUS-Bericht und dpa-Meldung just an dem Tag angekündigt, als er seine neue Single mit dem im Nachhinein doppeldeutigen Titel „Just Dream" vorstellte. In der zweiten Instanz einigten sich die Parteien dann auf eine symbolische Zahlung für einen karitativen Zweck.

Klinsi über Kreuz mit der „taz"

Die „taz" hatte es gewagt, auf der Titelseite ihrer Ostersamstagsausgabe eine Fotomontage mit dem Gesicht des Trainers Jürgen Klinsmann in der Pose eines Gekreuzigten abzubilden. Die Abbildung war eine mehr oder weniger gelungene Anspielung auf die damalige berufliche und mediale Situation des glücklosen und umstrittenen Trainers des FC Bayern, der sich

wochenlang mit Spekulationen um seine Trainerzukunft in München abfinden musste.
In ihrer Klage teilten Klinsmanns Anwälte mit, ihr Mandant sei „zutiefst und massiv“ in seiner Menschenwürde und seinem Persönlichkeitsrecht verletzt, überdies verstehe er sich als religiöser Mensch und erziehe seine beiden minderjährigen Kinder auch in diesem Sinne. Er werde dafür benutzt, dass das Leiden Christi ins Lächerliche gezogen werde, gleichzeitig werde er selbst Hohn und Spott ausgesetzt.
Das Münchner Gericht sah das differenzierter und stellte dazu wenig überraschend fest, dass sich die Fotomontage dem Bereich der Satire bzw. der Karikatur zuordnen ließe und eine reale Kreuzigung Klinsmanns „überhaupt nicht im Raum“ stehe. Vielmehr werde auf diese Weise nur „der berufliche Niedergang des Antragstellers in symbolischer Weise dargestellt“, die nach Auffassung der „taz“ bevorstehende Beendigung der Tätigkeit Klinsmanns als Trainer bei dem Fußballverein FC Bayern. Völlig zutreffend kam das Gericht – in München sind offenbar auch Richter Fußballexperten – zu der Auffassung, dass die „taz“-Einschätzung offensichtlich spekulativ sei, mithin derzeit einem Beweis nicht zugänglich. Ihre Richtigkeit oder Unrichtigkeit werde sich erst in der Zukunft herausstellen. Kurz danach wurde Klinsmann tatsächlich entlassen und hatte andere Sorgen als diesen Rechtsstreit.

Rummenigges Ode an Franz war ein Eigentor

Kürzlich las man die Meldung, dass der vermeintliche Urheber eines bundesweit mit großem Interesse aufgenommenen Sprachwerks mit dem Vorwurf konfrontiert wurde, er habe sich möglicherweise von einem bereits vorbestehenden, anderen Werk inspirieren lassen. Gemeint ist Karl-Heinz Rummenigge, ein Mann, der sein Sprachvermögen vermeintlich im Laufe der Jahre von Fußballerfloskeln bis hin zur Lyrik zu steigern vermochte, kulminierend in seiner nun leider gerichtsnotorischen „Ode an Franz Beckenbauer“.
Als Fußballer war Rummenigge eher durch fußballertypische Stilblüten in Erscheinung getreten, wenn er einen Spielzug mit den Worten „Das war nicht ganz unrisikovoll“ beschrieb oder

einen Mitspieler im Nationalteam folgendermaßen lobte: „Riedle muss man nur füttern. Dann kommt irgendetwas dabei raus.“ Als Vereinsfunktionär wurde er vor allem durch seine Reden bekannt, die er beim Festbankett nach Champions-League-Spielen zu halten pflegt. Unvergessen sein Beitrag nach der peinlichen 0 : 4-Pleite im Champions-League-Hinspiel 2009 beim FC Barcelona: „Ich habe unseren alten Freund Udo Lattek in der Halbzeit gesehen – der hat geweint! Ich weiß nicht, ob es Tränen der Wut oder ob es Tränen der Traurigkeit waren, der Trauer.“

Im November 2009 auf der Jahreshauptversammlung der FC Bayern München AG schließlich schien die Rummenigge’sche Dichtkunst einen Zenit erreicht zu haben, als er seinen Dank an den scheidenden Vereinspräsidenten und Aufsichtsratsvorsitzenden Franz Beckenbauer durch vermeintlich Selbstgereimtes abschloss:

„Ich möchte zum Schluss Ihnen etwas zukommen lassen, das vielleicht etwas außergewöhnlich ist. Deutschland ist ja bekannt als Land der Dichter und Denker. Ich versuch`s mal, meine Worte zu Franz Beckenbauer in einem kleinen Vers Ihnen zukommen zu lassen.“ Es folgten noch ein paar Zeilen, in denen zwölf Mal das Wort „danke“ vorkam. Das Gedicht brachte noch vor Ort großen Applaus ein, weniger für Rummenigge als für Beckenbauer selbst, der seine sich unmittelbar an das Gedicht anschließende Rede aus gebotenem Anlass mit dem Versprechen einleitete, dass die Zuhörer von ihm ganz sicher kein Gedicht zu befürchten hätten, von dem eine Zeitung später meinte, es sei „zum Fremdschämen“ schlecht gewesen.

Die Zeitung wusste bei diesem Kommentar noch gar nicht, wie recht sie hatte, denn wie sich später herausstellte, war das Gedicht auch für Rummenigge fremd, und geschämt hat er sich vielleicht auch. Er hatte es nämlich gar nicht selbst geschrieben, sondern nur gegoogelt. Kurz nach dem öffentlichen Gedichtvortrag meldete sich eine Hobby-Dichterin und wies nach, dass das Gedicht in Wirklichkeit von ihr stammt. Sie erwirkte eine gerichtliche Unterlassungsverfügung. Rummenigge erklärte daraufhin, eine Nutzungsentschädigung zu bezahlen.

Ein pressescheuer Problembär aus der Pfalz

Nicht alle witzig-satirisch gemeinten Veröffentlichungen werden von den Betroffenen auch so verstanden. Der ehemalige SPD-Vorsitzende Kurt Beck klagte gegen das Satiremagazin „Titanic“. Vor dem Landgericht Hamburg erwirkte der Politiker eine einstweilige Verfügung. Grund des Streits war das Titelbild einer Ausgabe der „Titanic“. Die Redaktion untertitelte zu Zeiten der mittlerweile längst abgeschlossenen Jagd auf den vermeintlich gefährlichen Bären Bruno ein Foto des barttragenden SPD-Chefs mit der Zeile: „Problembär außer Rand und Band: Knallt die Bestie ab!“

Beck war der Ansicht, dass es wenig mit Humor zu tun habe, wenn ein Mensch als Bestie bezeichnet wird, die abgeschossen werden soll. „Titanic“ wiederum reagierte mit Unverständnis auf die Befürchtungen von Beck. „Wir wollten die bärenverachtende Grausamkeit der bayerischen Bärenkiller geißeln.“ Dafür habe man „einen Bären gesucht, der Lebensfreude ausstrahlt“. Und bei dieser Suche sei man auf ein Foto von Beck gestoßen. Das Humorverständnis der Redaktion der Satirezeitschrift fand wenig Gnade vor den Augen des Gerichts. Die Anwälte von Kurt Beck erwirkten eine Unterlassungsverfügung gegen den „Titanic“-Verlag, wonach es diesem untersagt wurde, das Heft mit dem Cover weiter zu vertreiben. Mittlerweile hat sich die Aufregung gelegt. Kurt Becks Abstecher in die Berliner Politik nahm ein glückliches Ende, er ist längst in die Pfalz zurückgekehrt. Der Ausflug des Problem- und Schadbären (wie ihn Edmund Stoiber nannte) Bruno über die österreichisch-bayerische Grenze endete hingegen weniger glimpflich, er steht heute ausgestopft im Museum.

Sind Promis arme Würstchen?

Kleines Abenteuer mit Olli und Michael unerwünscht

Im Vorfeld der Fußball-WM 2006 wurde die Marketingabteilung eines Unternehmens offenbar vom WM-Fieber erfasst. Es benannte zwei seiner Produkte kurzfristig um in „Modell Olli K." und „Modell Michael B." und bewarb sie im Rahmen einer aufsehenerregenden „WM-Edition" bundesweit. Zwei damalige Stars der Fußball-Nationalmannschaft ließen die Werbeaktion schnell stoppen. Die beiden Sportler waren vorab nicht gefragt worden, ob sie ihren Vornamen und den ersten Buchstaben ihres Nachnamens für die öffentlichkeitswirksame Kampagne zugunsten der Produkte „Grünes Paulchen" und „Pink Heartbreaker" leihen wollen. Für die eigentlich harmlos klingenden Produkte wollten beide Herren keine unbezahlte Werbung machen, denn es handelte sich dabei um Vibratoren und beim werbenden Unternehmen um eine Tochterfirma von Beate Uhse. Neben der sofortigen Unterlassung noch während der WM verlangten die Herren nun auch Schadensersatz. Der Beklagtenanwalt bestritt, dass in der Werbekampagne eine schwere Persönlichkeitsverletzung liege, denn bei den Produkten handle es sich im Grunde um Scherzartikel. Keine Frau, so meinte er, kaufe sich ein derartiges Produkt etwa in der Vorstellung, damit ein Abenteuer mit den Genannten einzugehen. Diese Argumente beeindruckten weder Klägeranwältin noch Gericht. Das Gericht hatte in Erfahrung gebracht, dass es ein weltweites Presseecho auf die Werbekampagne gegeben habe. Schließlich einigte man sich im Vergleichswege auf einen hohen fünfstelligen Betrag.

Seitdem werden die Produkte wieder ganz friedlich und neutral mit Beschreibungen beworben wie „er überzeugt durch hervorragende Technik" bzw. „er bricht die Herzen der stolzesten Frauen". Klagen dagegen sind nicht bekannt geworden.

(Landgericht Hamburg)

Abpfiff für Schweini

Ein Fall, bei dem es tatsächlich einmal auch bei Gericht um die Wurst ging, führte dazu, dass ein weiteres in vielen Haushalten verbreitetes Produkt wegen Ähnlichkeit mit einem Fußball-Nationalspieler seinen Namen nicht behalten durfte: die Rostbratwurst „Schweini". Diese Bezeichnung hatte ein bayerischer Fleischgroßhändler bereits 2005 beim Patent- und Markenamt angemeldet, um so seine Schweinswürstl zu bezeichnen. Der Fußballspieler Bastian Schweinsteiger klagte jedoch erfolgreich gegen diese Namensverwendung, da sein Spitzname, vor allem bei Fans und in den Medien, eben genau „Schweini" lautet. Das Gericht sah hierin einen Fall von § 12 des Bürgerlichen Gesetzbuchs, wonach jeder, dessen Name unbefugt genutzt wird, von dem „Störenfried" Unterlassung dieses Handelns fordern kann. Und dies gelte auch für Spitznamen, so die Richter. (Landgericht München I)

Promi oder nicht? Das Recht am eigenen Bild und Namen

Das bin doch ich

Es kommt öfter vor, dass sich jemand bei einer Zeitung oder einem Verlag meldet und sich beschwert, dass sein Foto ohne Zustimmung und damit unbefugt abgebildet wurde. Wenn die Person auf dem Bild tatsächlich für ihre Umwelt erkennbar ist, wird üblicherweise eine Entschädigung fällig.
An der Erkennbarkeit hatten Verlagsmitarbeiter jeweils ernsthafte Zweifel, als sich Anwälte für zwei ungewöhnliche Mandanten bei ihnen meldeten.

§ Im einen Fall ging es um das Buch „Unser Baby im Ultraschall". Ein Anwalt machte Zahlungsansprüche wegen des Umstands geltend, dass seine Mandantin angeblich auf der Abbildung auf dem Buchumschlag erkennbar sei. Er konnte aber nicht beweisen, dass tatsächlich Freunde und Bekannte seiner Mandantin die mittlerweile junge Frau auf dem Foto eines Embryos im zweiten Monat nach Zeugung tatsächlich wiedererkannt hatten.

§ Einen noch schwierigeren Stand hatte der Anwalt, der sich wegen der Abbildung eines Schäferhundes in dem Werk „Schäferhunde. Aufzucht und Dressur" an den Verlag wandte und Schadensersatz für die unbefugte Fotoverwendung seines tierischen Mandanten begehrte. Er konnte nicht darlegen, dass der angebliche Mandantenhund auch derjenige war, der das Buch zierte. Von einer Erkennbarkeit im Hunde-Freundeskreis ganz zu schweigen.

Ich heiße wie ein Star – gebt mir 416 Millionen Dollar!

Ein Amerikaner mit dem Namen Michael Jordan verklagte den gleichnamigen Basketball-Star Michael Jordan auf 416 Millionen Dollar Schadensersatz wegen emotionaler Leiden und Schmerzen. Begründung: Infolge der Namensgleichheit und einer gewissen Ähnlichkeit im Aussehen käme es immer wieder zu Verwechslungen.

Sportlich!

Sportlich?

Das große Rechtsquiz

1. Was versteht man unter einem Abschlag?

a) einen niedrigeren Ausgabekurs von Wertpapieren
b) Spieleinleitung durch den Torwart
c) Minderung des Streitwerts bei Einigung durch gerichtlichen Vergleich

2. Unter einer Anlaufhemmung versteht man

a) Fußgänger, die als Teilnehmer des Straßenverkehrs bei der Überquerung der Fahrbahn zögern
b) ein psychologisches Problem bei Hoch- und Weitspringern
c) die Verzögerung des Beginns der Verjährung im Steuerrecht

3. Was sind Gleitklauseln?

a) Vereinbarung, wonach die Höhe einer Geldschuld vom künftigen Preis einer vergleichbaren Ware abhängig ist
b) Regelung im Arbeitsvertrag zur flexiblen Arbeitszeit
c) Regelung in der Benutzungsordnung einer Eislaufbahn

4. Was ist ein Stuhlurteil?

a) richterliche Entscheidung noch in der mündlichen Verhandlung
b) Diagnose beim Urologen
c) Meinung des Sachverständigen in Produkthaftungsprozessen zu Sitzmöbeln

5. Was bezeichnet der Begriff „Angstklausel"?

a) Kleingedrucktes im Arbeitsvertrag für Mafiaangestellte
b) Haftungsbeschränkung bei einem Wechselgeschäft
c) Rücktrittsmöglichkeit bei der Anmeldung zum Bungee-Sprung

Auflösung: 1 a), 2 c), 3 a), 4 a), 5 b)

11 Freunde und ein paar Zwischenfälle

„Entscheidend ist *auf* dem Platz", sprach einst Otto Rehhagel. Dass dies nicht immer zutrifft, zeigen folgende Gerichtsentscheidungen.

Zwischenruf mit Folgen

In Brandenburg regte sich eine Fußballzuschauerin über eine Elfmeterentscheidung des Schiedsrichters derart auf, dass sie mehrmals „pfui" rief, was wiederum den Torwart der gegnerischen Mannschaft zu der nicht gerade zimperlichen Beleidigung „alte Fotze" trieb. Das kostete ihn dann 307 € Schmerzensgeld! (Amtsgericht Schwedt)

Voll auf die Zwölf

Auch vor dem Unparteiischen wird nicht haltgemacht: So unterbrach der Schiedsrichter eines Freizeitkicks das Fußballspiel wegen eines Fouls und nutzte die Gelegenheit, um kurz neben dem Tor einen Schluck aus der Mineralwasserflasche zu nehmen. Mit dieser Schiedsrichterentscheidung keinesfalls einverstanden, schnappte sich der spätere Beklagte den Ball, zielte mit dem Ausruf „Das war kein Foul!" auf das Tor und traf. Allerdings nicht ins Schwarze, sondern auf die Sprudelflasche des Schiris, die dieser sich just an den Mund gesetzt hatte. Ergebnis: Der Schiri ging kurzfristig k.o., drei Zähne mussten überkront werden und der unglückliche Torschütze hatte 3000 € Schmerzensgeld zu bezahlen. (Oberlandesgericht Stuttgart)

Mitspielen verboten

Auch wenn man noch so unzufrieden mit der Leistung der eigenen Mannschaft ist: Vor allem bei Bundesligaspielen ist Unterstützung durch die Zuschauer nicht erwünscht. Dies mussten drei Fans (für ihren Geldbeutel) schmerzlich erfahren, die bei einem Spiel des FC Hansa Rostock gegen Hertha BSC nacheinander das Spielfeld stürmten und teilweise sogar versuchten, dem Schiedsrichter am Mittelkreis den Ball abzunehmen. Alle drei wurden gestellt und vom Spielfeld entfernt –

wenn auch in einem Fall erst nach einer kleinen Verfolgungsjagd durch die Ordnungshüter. Daraufhin verdonnerte der Deutsche Fußball-Bund Hansa Rostock zu einer Zahlung von 20.000 € wegen nicht ausreichenden Ordnungsdienstes und mangelnden Schutzes für Schiri und Gegner. Hansa Rostock holte sich das Geld seinerseits von den drei Flitzern zurück.

Verbandsstrafen für Beleidigungen

Es gibt spektakuläre Beleidigungen, die nicht durch staatliche Gerichte, sondern durch Sportverbände geahndet werden:

§ Nachdem sie mit einer seiner Entscheidungen nicht einverstanden war, rief die Tennisspielerin Serena Williams einem Schiedsrichter zu: „Bei Gott, ich schwöre, dass ich dir einen dieser verdammten Bälle in den Hals schiebe!" Dafür wurden ihr vom Tennis-Weltverband ITF 117.000 € aufgebrummt.

§ Nach der in allerletzter Sekunde gelungenen Qualifikation der Fußball-Nationalmannschaft Argentiniens für die WM 2010 hat deren Trainer Diego Maradona Journalisten bei einer weltweit übertragenen Pressekonferenz übel beschimpft: „Denjenigen, die nicht an mich geglaubt haben, sage ich – die Damen mögen das entschuldigen – ihr könnt mir einen blasen." Der Welt-Fußballverband Fifa hat Maradona für zwei Monate von jeglichen Aktivitäten im Fußball suspendiert und eine 16.565 € hohe Strafe ausgesprochen.

Straflos gebliebene Beleidigungen

§ „Deine Mutter auch." (Kricket-Spieler Fred Truemans Antwort auf den Satz seines getroffenen Gegners: „Ich hätte lieber meine Beine zusammenhalten sollen!")

§ „Mein Gegner Joe Frazier ist so hässlich, er sollte sein Gesicht der Wildlife-Tierschutzorganisation spenden." (Boxer Muhammad Ali 1971 vor seinem ersten WM-Kampf gegen Frazier)

- § „Glückwunsch! Von wem ist es?“ (Boxer Joe Frazier zu einem Gegner, der ihm strahlend erzählte, dass seine Frau ein Baby zur Welt gebracht hat)
- § „Was für Probleme hast du, außer arbeitslos, ein Idiot und ein Depp zu sein?“ (Tennis-Profi John McEnroe zu einem Zuschauer)
- § „Wie geht's deiner Frau und meinen Kindern?“ (Australiens Kricket-Profi Rod Marsh zu seinem englischen Gegner Ian Botham). „Meiner Frau geht's gut, die Kinder sind geistig zurückgeblieben.“ (Antwort von Ian Botham)
- § „Er kann nicht links schießen, er kann nicht köpfen, nicht tackeln und er schießt wenig Tore. Abgesehen davon ist er in Ordnung.“ (Fußball-Profi George Best über David Beckham)
- § „Warum nicht? Jedes Stadion braucht einen Greenkeeper.“ (Berti Vogts auf die Frage, ob Lothar Matthäus Trainer von Bayern München werden könne)
- § „Abseits ist, wenn dat lange Arschloch zu spät abspielt.“ (Hennes Weisweiler über seinen Spieler Günter Netzer)
- § „Wenn der Kopf nicht da ist, sondern nur eine Hülle, dann ist es egal, ob du mit einer Viererkette spielst oder einer Schneekette.“ (Klaus Augenthaler über seine Mannschaft 1. FC Nürnberg)
- § „Der Österreicher glaubt mit 18, er sei Pelé. Mit 20 glaubt er, er sei Beckenbauer. Und mit 24 merkt er, dass er Österreicher ist.“ (Max Merkel über seine Landsleute)
- § „Er wird nie Kopfweh bekommen, weil er seinen Kopf nie zum Denken benutzen wird. Ehe er Nationalspieler wird, werde ich Sänger an der Metropolitan Opera.“ (Max Merkel über Rüdiger Abramczik)
- § „Dem musste ich nichts erklären, der hat alles immer richtig gemacht. Intuitiv. Seine Fußballintelligenz war sensationell. Aber vom normalen Intellekt: katastrophal. Der hat gehupt, wenn er gegen einen Baum gefahren ist.“ (Peter Neururer über einen Ex-Spieler)
- § „Fußball spielt sich zwischen den Ohren ab. Da war teilweise Brachland, das neu bepflanzt werden musste.“ (Reiner Bonhof über seine Mannschaft)

- § „Bei der Fußball-WM habe ich mir Österreich gegen Kamerun angeschaut. Warum? Auf der einen Seite Exoten, fremde Kultur, wilde Riten - und auf der anderen Seite Kamerun.“ (Dieter Nuhr)
- § „Bei einem Jugendspieler würde man sagen: Spiel Flöte oder Klavier.“ (Franz Beckenbauer über Christian Zaccardo, der am leeren Tor vorbeischoss)
- § „Beckenbauer ist der einzige der Bayern, der auswärts noch trifft.“ (Harald Schmid über den unehelichen Sohn des Kaisers)
- § „Jetzt schaut euch dieses Weichei an. Als einziger Feldspieler läuft der mit Handschuhen auf; und das bei geschlossenem Dach.“ (Reporter Breuckmann über Kevin Kuranyi beim Spiel Schalke gegen Mönchengladbach)
- § „Ich habe Herrn Assauer nie als Kaschmirproleten bezeichnet. Ich habe Herrn Assauer Kaschmirhooligan genannt.“ (Dortmund-Manager über Schalke-Manager Assauer)
- § „Lothar Matthäus hat eine neue Freundin; Liliana hat einen Vertrag zunächst bis Saisonende.“ (Oliver Pocher voreilig über Lothar Matthäus‘ damalige Freundin und auch noch heutige Frau)
- § „Jetzt darf schon Boris Becker im Bus mitfahren, bald bringen die Spieler ihre Tanten mit.“ (Eduard Geyer über die Mitfahrer im Bus der deutschen Nationalmannschaft)
- § „Wann S' red'n wollen, müssen S' Staubsaugervertreter werden. Ich brauche nur Fußballer.“ (Ernst Happel über Hansi Müller, der ihn um ein Gespräch bat)
- § „Ich hatte schon vorher das Gefühl, dass die Mannschaft noch nicht reif für die Bundesliga ist. Aber dass einige Spieler so weich in der Birne sind, hätte ich nicht gedacht.“ (Felix Magath nach einer Niederlage über seine Mannschaft Eintracht Frankfurt beim Oberligisten KSV Klein-Karben)
- § „Es gibt auch Leute, die sagen, es gebe Außerirdische.“ (Oliver Kahn auf die Frage, ob Jens Lehmann der bessere Fussballer sei)

Tierisch komisch

Das große Rechtsquiz

1. Was bezeichnet das Transparenzgebot?

a) die EU-Richtlinie zu Vorgaben bezüglich der Beschaffenheit von Windschutzscheiben
b) die Pflicht, Allgemeine Geschäftsbedingungen möglichst klar zu formulieren
c) die EU-Verordnung bezüglich der Beschaffenheit von Transparenten bei Demonstrationen

2. Was ist der Sachsenspiegel?

a) mittelalterliche Gesetzessammlung
b) beliebtes Pflegeaccessoire in Ostdeutschland
c) Stasibegriff für einseitig sichtdurchlässige Spiegelwände bei polizeilicher Vernehmung

3. Was versteht man unter einer Ablaufhemmung?

a) einen Fall für den Klempner
b) Verzögerung des Beginns der Festsetzungsfrist bei allen Besitz- und Verkehrssteuern
c) die Verzögerung einer Stauauflösung durch Gaffer (als Ordnungswidrigkeit geahndet)

4. Was ist unter einem ambulanten Gewerbe zu verstehen?

a) Verkäufer von Waren ohne gewerbliche Niederlassung
b) Umschreibung für den Krankenpflegerberuf
c) verwaltungsrechtlicher Ausdruck für „Straßenstrich"

5. Was ist eine Ansichtssendung?

a) Zuschicken eines Kaufgegenstands zur vorherigen Begutachtung
b) politische Kommentare im Bayerischen Fernsehen
c) Vorführung von Filmmaterial als Beweismittel während der Gerichtsverhandlung

Auflösung: 1 b), 2 a), 3 b), 4 a), 5 a)

Tiere und Technik

Hühnerschreck

Ein Autofahrer kann nicht dafür haftbar gemacht werden, wenn er in der Nähe eines Hühnerstalls seine Autotür laut zuschlägt und daraufhin 143 der Tiere vor Schreck verenden. Das Oberlandesgericht Hamm entschied, dass der Autofahrer mit dieser übertriebenen „Reaktion" der Hühner nicht hätte rechnen müssen. (Oberlandesgericht Hamm)

Faxen mit der Katze

Kann das Klingelgeräusch eines Faxgerätes eine Katze verletzen? Ja, es kann – so zumindest die Meinung eines Klägers aus Bayern, der den Absender eines Faxes auf Zahlung von Tierarztkosten verklagte. Und das kam so: Eines Nachts ging beim Kläger ein Faxschreiben ein, der damit verbundene Telefonklingelton ließ ihn jäh aus dem Schlaf fahren und zum Telefon eilen. Dadurch jedoch wurde seine Katze dermaßen erschreckt, dass sie von ihrem Kratzbaum sprang und sich dabei verletzte.
Das Amtsgericht Regensburg sah jedoch keine Veranlassung für die Erstattung der Katzen-Heilungskosten, da es sich hier um eine unglückliche Verknüpfung von mehreren Umständen handelte, mit denen der Faxabsender jedoch nicht rechnen musste und die ihm deshalb auch nicht zuzuschreiben sind.
Fazit: Diese Klage war wirklich für die Katz!

Die Taube im Getriebe

Beim Landeanflug eines Flugzeugs geriet eine Brieftaube in dessen Turbine und setzte, wie das Oberlandesgericht Hamm in seinem Urteil poetisch schreibt, „mit der Beschädigung vom Lufteinlass die Funktionstauglichkeit des Flugzeugs außer Kraft – das Flugzeug zerstörte seinerseits die Taube". Der tragische Taubentod beeindruckte den Eigentümer der beschädigten Cessna jedoch wenig. Er verlangte vom Taubenhalter Ersatz der Reparaturkosten. Dieser verteidigte sich mit dem Hinweis, das Verhalten seiner Taube sei nicht unberechenbar gewesen, schließlich habe sie sich „auf einem üblichen Überlandflug des Brieftaubenvereins" befunden. Vielmehr habe das Flugzeug mit seinem Sinkflug den Horizontalflug der Taube gekreuzt und gestört. Die Taube sei also eher von der Turbine angesaugt worden, als freiwillig in deren Lufteinlass hineingesteuert. Ob das Gericht bei der Aufklärung dieses Sachverhalts selbst ein wenig in der Luft hing, ist nicht überliefert. Jedenfalls kam man zu dem Urteil, dass sich die Parteien den Schaden hälftig teilen müssten. Allein die Tatsache, dass das Flugzeug weitaus größer, schneller und schwerer als eine Taube sei, erhöhe im Vergleich zu dieser noch nicht sein Gefährdungspotenzial. Gerade die kleinere Größe der Taube mache ein Eindringen in die Turbinen wahrscheinlicher und könne somit auch zum Absturz eines Flugzeugs führen.

Tierisches Fehlverhalten

Lassies weniger gute Tat des Tages

Aufgepasst, wer gelegentlich seinen Hund allein zu Hause lässt: Da ein Hundebesitzer aus Norddeutschland die Wohnung verlassen musste, seinen geliebten Vierbeiner aber nicht mitnehmen konnte, sperrte er ihn ins Gäste-WC. Lassie, über die Einzelhaft gar nicht erfreut, zerfetzte daraufhin die einzig verbliebene Toilettenpapierrolle, verstopfte damit das Abflussrohr des Waschbeckens und öffnete dann eiskalt den Wasserhahn. Das überlaufende Wasser führte zu Schäden in Herrchens eigener Wohnung und zwei darunter liegenden Appartements.
Die Gebäudeversicherung verweigerte die Begleichung des Schadens mit dem Argument, dass der Vorfall auf einem grob fahrlässigen Verhalten des Hundehalters beruhe. Das Gericht jedoch verpflichtete die Versicherung zur Zahlung, da dieses Verhalten des Hundes nicht vorhersehbar gewesen sei und der Hundebesitzer alles Erforderliche zur Verhinderung des Schadens getan habe: Er hatte die Toilette, abgesehen von der fatalen letzten Papierrolle, komplett leer geräumt und außerdem die Nachbarn gebeten, ihm bei unruhigem Verhalten des Tieres per Handy Bescheid zu geben. Auch sei der Hund „bereits mehrfach eingesperrt worden, ohne negativ aufgefallen zu sein". (Landgericht Hannover)

Sittich im Koma gilt nicht vor Gericht

Die Überschreitung der erlaubten Höchstgeschwindigkeit um mehr als 50 km/h versuchte ein Autofahrer aus dem Raum Düsseldorf mit dem Vorliegen eines „Notstands“ zu rechtfertigen. Er sei nur deshalb so gerast, da er eine Frau mit ihrem im Koma liegenden Wellensittich so schnell wie möglich zu einem Tierarzt habe fahren wollen. Diese Begründung erkannte das Gericht jedoch nicht als Rechtfertigung an und bestätigte die auferlegte Geldbuße von 225 €. Argument: Die Sicherheit des Straßenverkehrs hat grundsätzlich Vorrang vor der Rettung eines Tieres. Ob der Wellensittich wenigstens wieder erwachte, blieb im Gerichtsbeschluss leider unerwähnt. (Oberlandesgericht Düsseldorf)

Warnung vor dem Eichhörnchen

Marcy Meckler hatte gerade das Tiffany Schmuckgeschäft im Old Orchard Shopping Center bei Chicago verlassen, als sie überraschend von einem Eichhörnchen angefallen wurde, das sich in ihr Bein verbiss. Bei dem verzweifelten Versuch, dem Eichhörnchen zu entkommen, stürzte Miss Meckler und verletzte sich. Im Anschluss daran erhob sie Klage auf 50.000 Dollar Schadensersatz, immerhin nicht gegen das Eichhörnchen, das sich wohl mittlerweile wieder von der Klägerin trennen konnte, aber doch gegen die Betreiber des Old Orchard-Einkaufszentrums auf der grünen Wiese. Die Betreiber mussten sich gegen den Vorwurf verteidigen, dass sie nichts gegen die Anwesenheit des besagten Eichhörnchens unternommen hatten, obwohl der Nager nicht zum ersten Mal gegenüber nichtsahnenden Kunden verhaltensauffällig geworden war. Zumindest hätte eine allgemeine Eichhörnchenwarnung ausgesprochen werden müssen, so der Anwalt der (an-)gefallenen Klägerin.

Pferde auf der Couch

Erhält ein Käufer von einem Verkäufer mangelhafte Ware, so muss er ihm in den meisten Fällen zunächst die Chance geben, diesen Mangel zu beseitigen. Nachbesserung oder auch Nacherfüllung heißen diese im Bürgerlichen Gesetzbuch verankerten Pflichten. Dass dies selbst dann gelten soll, wenn es sich bei der gekauften Ware um ein Pferd handelt, beschloss ein rheinland-pfälzisches Gericht. Auch bei einem Pferd, das als lammfromm, ruhig und für Kinder geeignet verkauft wurde, sich nach dem Kauf aber als störrisch und nervös erwies, sei eine Nacherfüllung möglich. Interessant die Begründung: Die Richter sahen als Möglichkeit der Nacherfüllung nicht nur die Variante, dem Käufer ein taugliches Ersatzpferd zur Verfügung zu stellen. Auch käme die Nachschulung des Pferds mittels einer „qualifizierten Therapie" in Betracht, um die Defizite der Stute zu beheben. (Oberlandesgericht Koblenz)

... und die Wildsau auf dem Sofa

Recht ungewöhnlichen Besuch im eigenen Wohnzimmer erhielt eine offenbar naturnah wohnende Dame aus Niedersachsen: Durch eine Treibjagd aufgeschreckt, floh eine Wildsau vor den Jägern vom Wald ins angrenzende Wohngebiet und sprang dabei in Panik durch die geöffnete Terrassentür direkt neben die verblüffte Wohnungsinhaberin aufs Sofa. Dort verweilte der Eindringling nicht lange, sondern wollte sich wieder entfernen. Auf dem Weg nach draußen machte das Tier seinem Namen alle Ehre und benahm sich entsprechend – es verwüstete Wohnzimmer, Küche und Esszimmer, zerfetzte Topfpflanzen, Stühle und Teppiche. Erst ein zu Hilfe geholter Jäger konnte der Schweinerei ein Ende machen, indem er den ungebetenen Besuch in der Küche erlegte.

Die Frau, die durch den tierischen Angriff erhebliche Verletzungen erlitten hatte, verklagte daraufhin den Jagdpächter, der die Treibjagd veranstaltet hatte, zu Schadensersatz und Schmerzensgeld. Das Gericht aber wies die Klage mit der Begründung ab, dass eine vollständige Abriegelung der Jagdbezirke zur Verhinderung des Ausreißens von Wildtieren nicht praktikabel sei. (Oberlandesgericht Celle)

Zu dir oder zu mir?

Der geteilte Hund

§ Anlässlich ihrer Scheidung stritt ein Ehepaar um das „Sorgerecht" für ihren Pudel, den beide behalten wollten. Zwar stellte das Gericht fest, dass ein Hund wie eine Sache nach der Hausratsverordnung bei einer Scheidung einem der beiden Partner endgültig zugeteilt werden könne, dabei müsse nicht nur auf die Wünsche der Ehegatten, sondern auch auf die tierischen Gefühle Rücksicht genommen werden. Um die zu erforschen, gab das Gericht ein tierpsychologisches Gutachten in Auftrag. Dieses ergab, dass der Hund auch zukünftig beide Gatten als Bezugspersonen benötigte. Deshalb kam es zu einer Aufteilung: Der Richter sprach den Hund dem Frauchen zu, erteilte dem Herrchen aber ein Umgangsrecht, jeden ersten und dritten Donnerstag des Monats von 14–17 Uhr.

§ Ein Richter des Amtsgerichts Bad Mergentheim benötigte noch nicht einmal ein Gutachten für seine Entscheidung in einem ähnlichen Fall. Nachdem das im Gerichtstermin von der Leine gelassene Tier sich sofort zum Ehemann begab, sich auf dessen Schoß setzte und zum Zeichen des Wohlgefallens dem Herrchen das Gesicht geleckt hatte, billigte der Richter ihm ein Umgangsrecht zu und legte auch hier entsprechend dem Umgangsrecht für Kinder die Besuchszeiten in einem zweiwöchigen Turnus fest.

Die Alimente sind sicher, Fiffi!

Dass man seine Pflicht zur Zahlung von Trennungsunterhalt auch dann nicht aus einer Laune heraus „kündigen" kann, wenn das Geld für den armen Scheidungshund gedacht war, musste ein Mann aus dem Raum Zweibrücken erfahren. Bei seiner Trennung hatte das Ehepaar vereinbart, den gemeinsamen Hund bei der Frau wohnen zu lassen, und zudem schriftlich festgehalten, dass der Mann bis zum Tode des Vierbeiners einen monatlichen Unterhalt von 100 € für ihn zahlen solle. Nach einem Jahr stellte Herrchen die Überweisungen jedoch ein und wurde daraufhin von seiner Ex auf Zahlung verklagt. Das

Gericht gab ihr recht, denn nur „ein wichtiger Grund“ hätte die Kündigung der Vereinbarung rechtfertigen können. Ein solcher lag hier aber nicht vor.
Fazit: In dubio pro cane (Oberlandesgericht Zweibrücken)

Von Richtern und Anwälten

In eigener Sache

Das große Rechtsquiz

1. Was bezeichnet der Ausdruck „Abgesonderte Befriedigung"?

a) vorrangige Anspruchserfüllung in der Insolvenz
b) Geschlechtsakt außerhalb größerer Menschenansammlungen
c) juristische Fachterminologie für „Ehebruch"

2. Was versteht man unter einer anstößigen Handlung?

a) einen Auffahrunfall
b) eine Belästigung der Allgemeinheit
c) die Folge einer Unterschreitung der baurechtlich vorgeschriebenen Mindesthöhe in Wohnräumen

3. Was ist eine Dereliktion?

a) Besitzaufgabe an einer Sache
b) plötzlich auftretende Potenzschwäche
c) Abneigung gegen alte Baudenkmäler

4. Was bezeichnet der Ausdruck „Verbrauchsgut"?

a) eine bewegliche Sache, die ein Verbraucher von einem Unternehmer kauft
b) die rechtliche Bezeichnung für „Lebensmittel"
c) beliebter Abschiedsgruß unter Verbraucherschützern

5. Was ist eine Typenfixierung?

a) Fesselspiele an der Grenze zur Körperverletzung
b) Scheidungsgrund
c) zwingender Rechtsinhalt im Sachenrecht

6. Was ist das Trennungsprinzip?

a) die Trennung von schuld- und sachenrechtlichem Rechtsgeschäft
b) das Trennungsjahr als Voraussetzung für die einvernehmliche Ehescheidung
c) die Rechtsgrundlage für das Duale System

Auflösung: 1 a), 2 b), 3 a), 4 a), 5 c), 6 a)

Auf verlorenem Posten

Kleinlich

Erfolglos klagte ein Rechtsanwalt vor dem Amtsgericht Frankfurt gegen einen Mandanten auf Zahlung von Verzugszinsen in Höhe von 80 Cent. Das Gericht wies die Klage mit der Begründung zurück, der Mandant sei nicht in Zahlungsverzug geraten, weil der Anwalt die noch ausstehenden Zinsen nicht außergerichtlich angemahnt, sondern gleich vor Gericht geklagt habe. Der unterlegene Jurist musste neben den 80 Cent auch noch die angefallenen Gerichtskosten von 190 € übernehmen.

Richter im Pech – Hose hin, Job weg und von 65 Millionen keine Spur

Roy Pearson war Verwaltungsrichter in Washington und unter anderem mit Klagen gegen städtische Behörden befasst. Dabei wird man offenbar kleinlich bzw. größenwahnsinnig: Nachdem seine bei dem Familienunternehmen Custom Cleaners zur Reinigung abgegebene Hose dort nicht mehr auffindbar war, klagte er auf Zahlung von nicht weniger als 65 Millionen Dollar. Dieser Betrag umfasste nach seiner Argumentation zum kleinen Teil den Wertersatz für die offenbar ganz besondere Hose und hauptsächlich die moralische Wiedergutmachung für das zumindest gegenüber Pearson nicht erfüllte Versprechen der Reinigungsfirma „Zufriedenheit garantiert (Satisfaction Guaranteed)".
Das befasste Gericht hatte allerdings wenig Verständnis für den Kollegen. Es wies seine Klage ab und bemerkte, er habe das Versprechen „Satisfaction Guaranteed" in übertriebener Weise ausgelegt und deshalb überhaupt keinen Anspruch auf Schadensersatz. Eine Entschädigung erhielten vielmehr die beklagten Ladeninhaber. Neben der Hose und dem Prozess ging noch etwas verloren: der Richterjob. Die Kommission für die Wahl von Verwaltungsrichtern in Washington beschloss, die Amtszeit von Richter Pearson nicht zu verlängern.

Schlipslos in Mannheim und München

Baden-Württemberg

In Baden-Württemberg gibt es seit 1976 eine Verordnung des Justizministeriums über die Amtstracht der Anwälte bei ordentlichen Gerichten. Sie besagt, dass ein weißes Hemd mit weißem Langbinder zu tragen ist. Ein Richter am Amtsgericht Mannheim nahm das zum Anlass, alle bei ihm auftauchenden Anwälte ohne Krawatte auf ihren Rechtsverstoß hinzuweisen. Ein Anwalt trug unter seiner geschlossenen Robe zwar einen Anzug und ein Hemd in dezenter Farbe. Aber er war „oben ohne", hatte also keine Krawatte. Auch als ihm von dritter Seite eine Krawatte angeboten wurde, lehnte er mit den Worten „Ich habe noch nie eine Krawatte getragen" ab, sie anzulegen. Der Richter schloss den Schlipslosen daraufhin von der Verhandlung aus.
Der Anwalt reichte Beschwerde beim Landgericht ein. „Ich mach mich doch nicht zum Affen", meinte er als Begründung. Die Beschwerdekammer gab ihm recht, denn mittlerweile gebe es eine Berufsordnung der Anwälte, die keine Verpflichtung zum Tragen einer Krawatte vorsehe.

Bayern

In Bayern besteht eine Bekanntmachung über die Amtstracht der Rechtspflegeorgane. Sie besagt, dass die Kleidung der Rechtsanwälte aus einer Robe in schwarzer Farbe besteht, zu der eine weiße Halsbinde zu tragen ist. Dass dazu ein weißes Hemd gehört, ergibt sich zwar nicht ausdrücklich aus dem Wortlaut, aber nach Ansicht der Gerichte aus dem Gesamtzusammenhang der Regelung und dem Gewohnheitsrecht. Diese traditionelle Auffassung wurde an einem heißen Hochsommertag einem Münchner Anwalt zum Verhängnis, der bei einer Verhandlung nur ein T-Shirt unter seiner Robe trug. Der 2. Strafsenat des Oberlandesgerichts entschied, dass gewohnheitsrechtlich festgelegt sei, dass die Amtstracht eines Anwalts aus Hemd und Krawatte bestehe. Diese Regelung sei „auch nicht infolge eingetretener gesellschaftlicher Veränderungen gegenstandslos geworden". Eine differenzierte Entwicklung habe sich lediglich insoweit ergeben, als bei Rechtsanwälten (im Gegensatz zu Richtern und Staatsanwälten) inzwischen auch farbige Hemden und Krawatten in dezenter Ausführung als angemessen angesehen werden. Der Anwalt wurde zur „Aufrechterhaltung der Ordnung in der Sitzung" wirksam vom Prozess ausgeschlossen.

Juristen und Humor

Üblicherweise sind Juristen nicht eben für ihren Humor bekannt. Allerdings gibt es auch Gerichtsentscheidungen, die das Gegenteil beweisen.

Wir sehen uns vor Gericht – am 11.11. um 11.11 Uhr

„Etwas Humor, zumindest aber Gelassenheit, könne auch von den Streitparteien einer Familiensache erwartet werden", meint das Oberlandesgericht München und lehnte einen Befangenheitsantrag gegen einen Richter ab, der eine Verhandlung auf den 11.11. um 11.11 Uhr terminiert hatte. „Wenn sich ein Richter diesen kleinen Scherz" erlaube, so die Berufungsinstanz, dann sei das für eine vernünftig denkende, gelassene Partei kein Grund, an der Unvoreingenommenheit dieses Richters zu zweifeln.

Wunder vor Gericht

Und noch ein Urteil, dass an einem 11.11. verkündet wurde. Hier scheint ein Richter des Amtsgerichts München recht frustriert von Qualität und Wahrheitsgehalt der Zeugenaussagen in Verkehrsrechtsklagen gewesen zu sein. Jedenfalls schreibt er in der Urteilsbegründung Folgendes:
„Das Gericht war in seiner bisherigen Praxis schon mit ca. 2000 Straßenverkehrsunfällen beschäftigt und hat es noch niemals erlebt, dass jemals [...] ein Fahrer, der als Zeuge oder Partei vernommen wurde, eigenes Fehlverhalten eingeräumt oder zugestanden hätte. Wenn dies einmal tatsächlich passieren sollte, dann müsste man schlicht und einfach von einem Wunder sprechen. Wunder kommen aber in der Regel nur in Lourdes vor, wenn beispielsweise ein Blinder wieder sehen

kann oder ein Lahmer wieder gehen kann, oder aber in Fatima, wenn sich während der Papstmesse eine weiße Taube auf den Kopf des Papstes setzt, und sogar in den dortigen Gegenden sind Wunder ziemlich selten, in deutschen Gerichtssälen passieren sie so gut wie nie, am allerwenigsten in den Sitzungssälen des Amtsgerichts München. [...] Möglicherweise liegt das daran, dass der liebe Gott, wenn er sich zum Wirken eines Wunders entschließt, gleich Nägel mit Köpfen macht und sich nicht mit einem banalen Verkehrsunfall beschäftigt. [...] Aus dem vorstehend Gesagten vermag nun der unbefangene Leser des Urteils schon unschwer zu erkennen, was die Zeugenaussage eines Fahrers eines unfallbeteiligten Fahrzeuges vor Gericht wert ist: nämlich gar nichts."

Der Schlaf der Gerechten

Im Unterschied zum vorigen Fall, bei dem sich der Richter so richtig Luft machte, gibt es offenbar aber auch Richter, bei denen die Luft schon raus ist und die in den berüchtigten „Verhandlungsschlaf" fallen.

Eine Rechtsanwältin jedenfalls legte beim Bundesverwaltungsgericht Revision gegen ein vorinstanzliches Urteil ein, da unter anderem ein ehrenamtlicher Richter unfähig gewesen sei, der Verhandlung zu folgen, „weil er über einen längeren Zeitraum ununterbrochen die Augen geschlossen hatte und – wie durch seine Körperhaltung, nämlich Senken des Kopfes auf die Brust und ruhiges, tiefes Atmen sowie „Hochschrecken", zum Ausdruck kam – offensichtlich geschlafen hat."

Das Bundesverwaltungsgericht sah das anders: Das beschriebene Verhalten beweise noch lange nicht, dass der Richter wirklich geschlafen habe. Nein, solch eine Haltung könne schließlich auch „zur geistigen Entspannung oder zwecks besonderer Konzentration eingenommen werden". Und das „Hochschrecken" komme eventuell von einem Sekundenschlaf, der aber „die geistige Aufnahme des wesentlichen Inhalts der mündlichen Verhandlung nicht beeinträchtigt".

Da müssten schon noch andere Anzeichen hinzukommen, um sicher zu sein, dass ein Richter schläft oder „in anderer Weise abwesend ist". Beispielsweise „tiefes, hörbares und gleichmäßi-

ges Atmen oder gar Schnarchen oder ruckartiges Aufrichten mit Anzeichen von fehlender Orientierung".
Interessant ist auch, dass sich das Gericht dabei auf die „ständige höchstrichterliche Rechtsprechung" zum Thema „in der mündlichen Verhandlung eingeschlafener Richter" beruft – es scheint also schon öfter vorgekommen zu sein, dass ein Richter sich in dieser besonderen Haltung besonders konzentrierte.

Gereimte Trunkenheitsfahrt

Seiner Kreativität freien Lauf ließ ein Richter des Amtsgerichts Höxter und formulierte das Urteil in Reimform getreu dem Motto Wilhelm Buschs „Wie beglückt ist doch ein Mann, wenn er Gedichte machen kann":

Am 3.3.95 fuhr mit lockerem Sinn
der Angeklagte in Beverungen dahin.
Daheim hat er getrunken, vor allem das Bier,
und meinte, er könne noch fahren hier.
Doch dann wurde er zur Seite gewunken.
Man stellte fest, er hatte getrunken.
Im Auto tat's duften wie in der Destille.
Die Blutprobe ergab 1,11 Promille.
Das ist eine fahrlässige Trunkenheitsfahrt,
eine Straftat, und mag das auch klingen hart.
Es steht im Gesetz, da hilft kein Dreh,
§ 316 I und II StGB.
So ist es zum Strafbefehl gekommen.
Auf diesen wird Bezug genommen.
Der Angeklagte sagt, den Richter zu rühren:
„Das wird mir in Zukunft nicht wieder passieren!"
Jedoch es muss eine Geldstrafe her,
weil der Angeklagte gesündigt, nicht schwer.
30 Tagessätze müssen es sein
zu 30,- DM. Und wer Bier trinkt und Wein,
dem wird genommen der Führerschein.
Die Fahrerlaubnis wird ihm entzogen,
auch wenn man menschlich ihm ist gewogen.
Darf er bald fahren? Nein, mitnichten.

Darauf darf er längere Zeit verzichten.
5 Monate Sperre, ohne Ach und Weh,
§§ 69, 69a StGB.
Und schließlich muss er, da hilft kein Klagen,
die ganzen Verfahrenskosten tragen,
weil er verurteilt, das ist eben so,
§ 465 StPO.

Von dieser lyrischen Höchstleistung offenbar beflügelt, antwortete der Verteidiger in seinem Schriftsatz Folgendes:

Der Mandant, einerseits zufrieden,
andererseits ein wenig beklommen,
hat den Urteilsspruch vernommen.
Im Hinblick auf die Sach- und Rechtslagen, die allseits bekannten,
und nach Rücksprache mit dem Mandanten
tu ich hiermit kund
für alle in der Rund',
für Staatsanwaltschaft und Gericht:
Rechtsmittel einlegen – tun wir nicht.

Wenn nicht nur das Corn poppt

Eine nette Äußerung gaben auch Hamburger Richter anlässlich eines (sonst mitunter recht nüchternen) Markenrechtsstreits zum Besten. Ein Lebensmittelkonzern, der die Frühstücksspeise „Corn Pops" im Sortiment führt, wollte einem anderen Lebensmittelunternehmen gerichtlich untersagen lassen, ein Produkt seinerseits „Rice Pops" zu nennen. Er argumentierte damit, dass er sich als Erster diese Bezeichnung ausgedacht habe, zudem handle es sich dabei um eine absolut originelle und individuelle Wortschöpfung.

Der Konkurrent versuchte, diese Argumente mit der Ausführung zu widerlegen, dass der Zusatz „Pops" lediglich beschreiben würde, wie das Lebensmittel hergestellt werde, nämlich in einem bestimmten Herstellungsvorgang, bei dem es zu einem bestimmten Zeitpunkt „pop" machen würde. Alles in allem sei also der Bestandteil „Pops" glatt beschreibend für „aus unter geringer Wärmezufuhr gerösteter und dann aufbrechender Getreidekörner hergestellte Produkte". So sei z. B. auch allen

Verbrauchern aus frühester Kindheit die Herstellung von Popcorn als „poppen" bekannt, und ein solches rein die Herstellung beschreibendes Wort könne sich niemand individuell schützen lassen.
Dieses Argument beeindruckte die Richter ganz und gar nicht: „Den Begriff „poppen" kennen die Senatsmitglieder zwar, allerdings nicht von Kindesbeinen an, sondern erst etwa seit der Pubertät und in einem völlig anderen Zusammenhang, was hier aber nicht vertieft zu werden braucht." (Oberlandesgericht Hamburg)

Sie nannten ihn Lolli
oder: Wann ist ein Lutscher ein Lutscher

Eine regelreche Lolli-Faszination übermannte die Richter des Oberlandesgerichts Köln. Hier ging es nämlich um die Frage, welche Abgaben ein Lolli-Fabrikant an das Duale System („Der grüne Punkt") zu entrichten hat. Muss er nur für die den Lutscher umhüllende Plastikfolie zahlen oder eventuell auch für den Stiel des Lollis? Letztlich ging es also darum, ob der Stiel Verpackung ist (dann würde eine Abgabe fällig) oder vielmehr Bestandteil des Lutschers. Das Gericht entschied mit folgender einleuchtender Begründung für Letzteres: „Der Lollistiel ist integrativer Bestandteil des Produkts Lutscher (auch Lolli genannt). Als solcher kann er begriffsnotwendig nicht zugleich Verpackungsbestandteil sein." Das „Besondere und Faszinierende" am Lutscher sei seit Generationen, dass er „auf einem Stiel aufgebracht ist". Und ohne einen solchen Stiel würde es sich nicht mehr um einen „traditionellen Lutscher", sondern vielmehr um ein „gewöhnliches Bonbon" handeln.

Merkwürdigkeiten der Rechtsprechung

Kuriose Gesetze und Vorschriften

Das große Rechtsquiz

1. Was versteht man unter dem Aktenbock?

a) spöttische Bezeichnung für den eifrigsten Richter am Gericht
b) Transportmittel für die Hauspost bei Gericht
c) den gerichtsintern vergebenen Preis für die abstruseste Klage des Jahres („diese Akte hat den Bock abgeschossen“)

2. Was ist eine betagte Forderung?

a) Ansprüche, die nicht zur Nachtzeit geltend gemacht werden können
b) Zwangsvollstreckung gegen Pensionäre
c) eine bereits bestehende, aber noch nicht fällige Forderung

3. Was ist ein Überfall?

a) Früchte, die von einem Baum oder einem Strauch auf ein Nachbargrundstück hinüberfallen
b) ein unvorhergesehener Angriff, auf den sich der Angegriffene nicht rechtzeitig einstellen kann
c) beides

4. Was ist unter Anschwärzung zu verstehen?

a) Anonymisierung von amtlichen Unterlagen
b) üble Nachrede mit dem Ziel der geschäftlichen Behinderung
c) Prüfungsaufgabe für Malergesellen

5. Was ist eine Spannenklausel?

a) Wertsicherungsklausel in lange laufenden Verträgen
b) im Kleingedruckten versteckte Befugnis für Vermieter, das Schlafzimmer der Mietsache jederzeit einsehen zu dürfen
c) Erfolgsprämie in der Vergütungsvereinbarung für Fernsehproduzenten

6. Was ist eine Wahlschuld?

a) Ursachenforschung nach verlorenen Abstimmungen
b) Möglichkeit des Angeklagten, sich zwischen mehreren Tatvorwürfen zu entscheiden
c) Bestimmungsrecht, welche von mehreren geschuldeten Leistungen zu erbringen ist

Auflösung: 1 b), 2 c), 3 c), 4 b), 5 a), 6 c)

Großbritannien

Die 10 seltsamsten Gesetze

Laut einer Umfrage der britischen Zeitung „Telegraph“ sind dies die zehn seltsamsten Gesetze Großbritanniens. In der Mehrzahl stammen sie aus dem Mittelalter und wurden nie aufgehoben.

§ Es ist verboten, im englischen Parlamentsgebäude zu sterben.

§ Als Verräter wird bestraft, wer eine Briefmarke mit dem Bild des regierenden Monarchen verkehrt herum auf einen Brief klebt.

§ In Liverpool dürfen Verkäuferinnen nur dann „oben ohne“ arbeiten, wenn sie Angestellte in einer Zoohandlung für tropische Fische sind.

§ Der Verzehr von Hackfleischgebäck an Weihnachten ist verboten.

§ Jeder schottische Hausbewohner ist verpflichtet, Fremden Einlass zu gewähren, wenn sie mit einem dringenden Bedürfnis an seiner Tür klingeln.

§ Schwangere Frauen dürfen überall ihre Notdurft verrichten. Polizisten sind sogar verpflichtet, ihnen zu diesem Zweck ihre Helme zu leihen.

§ Wenn ein Wal das Pech hat, an einer britischen Küste anzulanden, so fällt dessen Kopf kraft Gesetzes automatisch in das Eigentum des Königs, der Schwanz aber steht der Königin zu.

§ Briten müssen Finanzbeamten alles offenbaren, was sie ihnen verheimlichen wollen. Alles, was sie ihnen unbesorgt sagen wollen, dürfen sie aber für sich behalten.

§ Für alle Briten, die Ritterrüstung tragen, ist der Eintritt ins Parlamentsgebäude streng verboten.

§ Innerhalb der Stadtgrenze von York ist es erlaubt, Schotten umzubringen, vorausgesetzt jedoch, diese führen Pfeil und Bogen mit sich.

Weltweit

Laut einer Umfrage der britischen Zeitung „Telegraph" sind dies die seltsamsten Gesetze der Welt:

§ In Ohio ist es verboten, Fische betrunken zu machen.

§ In Indonesien wird Masturbation mit Enthauptung bestraft.

§ In Bahrain darf ein Gynäkologe Frauen nur durch Betrachtung ihres Spiegelbildes behandeln.

§ In Alabama ist es nicht erlaubt, mit verbundenen Augen Auto zu fahren.

§ In Florida ist es für Frauen bei Gefängnisstrafe verboten, sonntags Fallschirm zu springen.

§ In Vermont dürfen Frauen nur mit Erlaubnis ihrer Ehemänner Zahnprothesen tragen.

§ In Mailand muss man stets lächeln, Ausnahmen gelten nur für Beerdigungen und Krankenhausbesuche.

§ In Frankreich ist es verboten, sein Schwein Napoleon zu nennen. (Zu Napoleons Zeiten war es verboten, den Kaiser zu beleidigen. Ein Bauer wollte dies umgehen, indem er sein Schwein Napoleon nannte. Um die Gesetzeslücke zu schließen, wurde das Gesetz erlassen, das noch heute gilt.)

§ In der Schweiz ist Stehpinkeln nach 22 Uhr verboten. Hiergegen verstieß ganz offensichtlich ein Schweizer aus Röschenz, der in der Nacht zum Sonntag, dem 28. Juni 2009, beim Pinkeln hinter einem Schützenhaus 50 Meter in die Tiefe gestürzt war. Wie es zu dem Unfall in dem steil abfallenden Gelände genau kam, konnte die Polizei nicht ermitteln. Die Feuerwehr musste den Mann aber aufwendig mit einem Seil bergen. Der Sturz des Unglücksvogels, der ein Fest besucht hatte, wurde durch Bäume und Büsche etwas abgebremst. Er zog sich keine schweren Verletzungen zu.

Deutschland

Bier

Selbstverständlich kommt eine Nation wie Deutschland nicht ohne eine Bierverordnung aus. Die „BierV" regelt vermeintliche Selbstverständlichkeiten wie:

Ein Getränk, bei dem die Gärung unterbrochen ist, gilt ebenfalls als gegoren.

Honig

Auch ein als deutlich süßer bekannter Stoff erfuhr eine mit Liebe zum Detail verfasste Regelung, die aber nicht eben zu dessen Verzehr anregt. Die „HonigV" (Honigverordnung) besagt:

Honig ist der natursüße Stoff, der von Honigbienen erzeugt wird, indem die Bienen Nektar von Pflanzen oder Sekrete lebender Pflanzenteile oder sich auf den lebenden Pflanzenteilen befindende Exkrete von an Pflanzen saugenden Insekten aufnehmen, durch Kombination mit eigenen spezifischen Stoffen umwandeln, einlagern, dehydratisieren und in den Waben des Bienenstocks speichern und reifen lassen.
Honig besteht im Wesentlichen aus verschiedenen Zuckerarten, insbesondere aus Fructose und Glucose, sowie aus organischen Säuren, Enzymen und beim Nektarsammeln aufgenommenen festen Partikeln.

Käse

Es gibt auch andere Nahrungsmittel-Vorschriften, die man besser nicht gelesen hätte. So erfährt man aus der „KäseV" (Käseverordnung), was alles bei der Herstellung von Käse außer Käsereimilch verwendet werden darf:

Wiederkäuermagenlab oder Wiederkäuermagenpepsin und Schweinemagenpepsin

Auf diese Vorschrift kann dann in anderen Vorschriften mit bestechender Logik Bezug genommen werden.
§ 1 Absatz 1 Nr. 2 der Verordnung über Preisnotierungen für Butter, Käse und andere Milcherzeugnisse regelt:
Käse ist Käse im Sinne der Käseverordnung.
Immerhin hat sich der Gesetzgeber in der KäseV auch zum Thema der Käseprüfungen Gedanken gemacht. Nicht nur die Äußerlichkeiten, nein, auch innere Werte sollen angemessen berücksichtigt werden. Die Käse-Casting-Vorschriften sehen unter anderem folgendes Bewertungsschema vor:
Käse [...] und Schmelzkäsezubereitungen sind nach folgenden Eigenschaften und in folgender Weise zu beurteilen:
A) für Aussehen-Äußeres: bis zu 5 Punkte
B) für Aussehen-Inneres: bis zu 5 Punkte
C) für Konsistenz: bis zu 5 Punkte
D) für Geruch: bis zu 5 Punkte
E) für Geschmack: bis zu 5 Punkte

Milch

Nicht ruhen ließ den Gesetzgeber offenbar die Frage, wo denn überhaupt all die Milch herkommt. So regelt das „MilchFettG" (Gesetz über den Verkehr mit Milch, Milcherzeugnissen und Fetten):
Milcherzeuger im Sinne dieses Gesetzes sind alle Kuhhalter.
Aber was genau ist Milch? § 2 Absatz 1 Nr. 1 des Milch- und Margarinegesetzes weiß Rat:
Milch ist das durch ein- oder mehrmaliges Melken gewonnene Erzeugnis der normalen Eutersekretion von zur Milcherzeugung gehaltenen Tierarten.

Ei

Immerhin, was ein Ei ist, wird dem Leser von § 2 Nr. 1 der Eiprodukte-Verordnung (ei-)klar:
Eiprodukte sind Erzeugnisse, die aus Eiern, ihren verschiedenen Bestandteilen oder deren Mischungen hergestellt worden sind.

Zucker

Beim Zucker lässt § 1 Absatz 1 Zuckergesetz keine Frage offen:
Zucker im Sinne dieses Gesetzes ist der aus Zuckerrüben, Zuckerrohr oder Melasse hergestellte Zucker.

Zum Transport empfindlicher Güter

§ Eitransporte sind eine heikle Angelegenheit, wie nicht nur Teilnehmer an Kindergeburtstagen wissen. Im Erwachsenenleben bedürfen sie der Begleitung durch besondere Papiere. So regelt die „EiMarktV" (Verordnung über Vermarktungsnormen für Eier):
In Rechnungen, Lieferscheinen und sonstigen Transportbegleitpapieren [...] sind die Güte- und Gewichtsklassen anzugeben, unter denen die Eier jeweils geliefert [...] worden sind.

§ Auch sonstige Gefahrguttransporte bedürfen genauer Regelungen. Dass darunter aber der „Verkehr mit Essig" fällt, hätte man vielleicht nicht unbedingt gedacht:

So regelt die „EssigV" (Verordnung über den Verkehr mit Essig und Essigessenz):

Essig [...] und Essigessenz dürfen gewerbsmäßig nur in verschlossenen Behältnissen in den Verkehr gebracht werden, die den zu erwartenden Beanspruchungen sicher widerstehen und aus Werkstoffen hergestellt sind, die von Essigessenz nicht angegriffen werden und mit ihr nicht in gefährlicher Weise reagieren. Die Behältnisse müssen in deutscher Sprache und in deutlich sichtbarer, leicht lesbarer Schrift mit dem Hinweis „Vorsicht! Nicht unverdünnt genießen!" versehen sein.

Auch unter Druck noch spontan

Wann eigentlich ist Mineralwasser zwar kohlensäurehaltig, aber doch noch natürlich? Ein Blick in die „Min/TafelWV" (Verordnung über natürliches Mineralwasser, Quellwasser und Tafelwasser) beantwortet auch diese Frage:
Als „natürliches kohlensäurehaltiges Mineralwasser" muss ein Wasser bezeichnet werden, das unter normalen Druck- und Temperaturverhältnissen von Natur aus oder nach dem Abfüllen spontan und leicht wahrnehmbar Kohlendioxid freisetzt.

Das „Biene-Maja-Grundgesetz“

Als enthielte das Bürgerliche Gesetzbuch nicht schon zahlreiche erstaunliche Regelungen zur Bienenhaltung, gibt es auch noch die „BienSeuchV“ (Bienenseuchen-Verordnung), quasi das „Biene-Maja-Grundgesetz“, das kaum eine Frage mehr offen lassen dürfte.

§ Was ist denn ein Bienenvolk?
Bienenvolk im Sinne der Verordnung sind die in einer Bienenwohnung lebenden Bienen mit ihrer Brut und ihren Waben.

§ Was tun, wenn die Amerikanische Faulbrut naht?
Ist zu befürchten, dass sich die Amerikanische Faulbrut, [...] ausgebreitet hat oder ausbreitet, kann die zuständige Behörde eine amtliche Untersuchung aller Bienenvölker und Bienenstände des verdächtigen Gebietes anordnen.

§ Was muss veranlasst werden, wenn Bienen umziehen? In dem Land, dem die Welt die Erfindung des Einwohnermeldeamts verdankt, natürlich ein Nachsendeantrag:
Der Besitzer von Bienenvölkern, die nur vorübergehend an einen anderen Ort verbracht werden, hat an dem Bienenstand ein Schild mit seinem Namen und seiner Anschrift sowie der Zahl der Bienenvölker in deutlicher und haltbarer Schrift gut sichtbar anzubringen.

§ Wie schützt man sich vor Hausbesetzern?
Von Bienen nicht mehr besetzte Bienenwohnungen sind stets bienendicht verschlossen zu halten.

§ Skandal im Sperrbezirk – wenig überraschend, ist auch hier die Amerikanische Faulbrut involviert:
Ist die Amerikanische Faulbrut in einem Bienenstand amtlich festgestellt, erklärt die zuständige Behörde das Gebiet in einem Umkreis von mindestens einem Kilometer um den Bienenstand zum Sperrbezirk.

Hier tagen Experten

Es heißt zwar im Volksmund, der dümmste Bauer hat die größten Kartoffeln. Bei der Frage, wie man sie richtig düngt, wollte der Gesetzgeber aber nichts dem Zufall überlassen und schuf in der „DüBV“ (Verordnung über die Errichtung eines Wissen-

schaftlichen Beirats für Düngungsfragen) ein Expertengremium für richtiges Düngen:
Beim Bundesministerium für Ernährung, Landwirtschaft und Verbraucherschutz wird ein Wissenschaftlicher Beirat für Düngungsfragen errichtet.

Gesetz mit grundlegender Auswirkung

Lange haben wir überlegt, ob folgendes vor allem für Männer schon beim Lesen schmerzhafte Gesetz hier Erwähnung finden soll. Aber es existiert nun einmal in Deutschland. Das „KastrG“ (Gesetz über die freiwillige Kastration und andere Behandlungsmethoden):
Kastration im Sinne dieses Gesetzes ist eine gegen die Auswirkungen eines abnormen Geschlechtstriebes gerichtete Behandlung, durch welche die Keimdrüsen eines Mannes absichtlich entfernt oder dauernd funktionsunfähig gemacht werden.

Huhn oder Henne?

§ Was ist eigentlich eine Legehenne? Das Legehennenbetriebsregistergesetz in seinem § 2 Nr. 1 hat die Antwort:
Legehennen sind legereife Hennen der Art Gallus (lat. Gallus), die für die Erzeugung von Eiern, die nicht für Vermehrungszwecke bestimmt sind, gehalten werden.

§ Nur wer drin ist, ist in: Das „LegRegV“ (Verordnung zur Durchführung des Legehennenbetriebsregistergesetzes) schafft die offenbar reizvolle Möglichkeit für Legehennen und /oder deren Betriebe, sich in einem eigenen Register eintragen zu lassen:
Ein nach dem Legehennenbetriebsregistergesetz nicht registrierungspflichtiger Betrieb kann sich auf Antrag registrieren lassen.

§ Was zwar keine Legehenne, aber doch irgendwie ein Huhn ist, sagt uns kein Gesetz, diese Frage war aber immerhin Regelungsgegenstand einer Bundestagsdrucksache (574/1/03, Seite 4):
Das Huhn ist aus ethologischer Sicht ein sozial und territorial lebender Scharr- und Flattervogel mit klar strukturierter Rangordnung, dessen wichtigstes Fortbewegungsmittel die Beine sind.

Im Land der Bieger und Bläser

§ Deutschland ist nicht nur das Land der Dichter und Denker, sondern ausweislich der „LeuchtrAusbV“ (Verordnung über die Berufsausbildung zum Leuchtröhrenglasbläser/zur Leuchtröhrenglasbläserin) auch das Land der Bieger und Bläser (von geschlämmten Glasröhren), die im Notfall auch noch Leuchtröhren evakuieren können.
Gegenstand der Berufsausbildung sind mindestens die folgenden Fertigkeiten und Kenntnisse:
Evakuieren und Füllen von Leuchtröhren.
Als Arbeitsproben (für die Abschlussprüfung) kommen insbesondere in Betracht: Biegen und Blasen geschlämmter Glasröhren.

§ Wie man Thermometermacher macht, regelt die „ThermMAusbV“ (Verordnung über die Berufsausbildung zum Thermometermacher/zur Thermometermacherin). Die Ausbildung dauert erstaunlich lange und hat interessante Schwerpunkte zu bieten:
§ 3: Die Ausbildung dauert drei Jahre. Für das dritte Ausbildungsjahr kann zwischen den Fachrichtungen
1. Thermometerblasen und
2. Thermometerjustieren gewählt werden.

§ Deutschland hat der Welt zwar nicht den iPod oder das Podcasting geschenkt, dafür aber das „PodG“ (Gesetz über den Beruf der Podologin und des Podologen) :
§ 1 Absatz 1: Wer die Berufsbezeichnung „Podologin“ oder „Podologe“ führen will, bedarf der Erlaubnis. Die Bezeichnung „Medizinische Fußpflegerin“ oder „Medizinischer Fußpfleger“ darf nur von Personen mit einer Erlaubnis nach Satz 1 oder einer Berechtigung oder staatlichen Anerkennung nach § 10 Abs. 1 geführt werden.

§ Die Durchführung des Luftverkehrs scheint in großer Unordnung zu erfolgen, anders ist nicht zu verstehen, weshalb es mittlerweile bereits die 242. Version der „LuftVODV 242“ (Zweihundertzweiundvierzigste Durchführungsordnung zur Luftverkehrs-Ordnung) gibt.

Schadensbegrenzung

Um zu erfahren, welch gefährliche Schädlinge unser Land bevölkern, sollte man ab und zu ins Gesetz blicken und sich auch nicht von deren aristokratisch anmutenden lateinischen Bezeichnung täuschen lassen.

§ Die „MaiswBekV“ (Verordnung zur Bekämpfung des Westlichen Maiswurzelbohrers) *dient der Bekämpfung des Westlichen Maiswurzelbohrers (Diabrotica virgifera virgifera LeConte)*.* und regelt unmissverständlich:
Das Züchten und das Halten des Westlichen Maiswurzelbohrers (Schadorganismus) sowie das Arbeiten mit diesem Schadorganismus sind verboten.

§ Nelken mögen welken, aber eines mögen sie auf keinen Fall: den Nelkenwickler. Deshalb gibt es die „NelkenwV“ (Verordnung zur Bekämpfung von Nelkenwicklern).
§ 1 Absatz 1: Verfügungsberechtigte und Besitzer von Nelkenbeständen, die zum Vertrieb bestimmt sind, sind verpflichtet, der zuständigen Behörde das Auftreten und den Verdacht des Auftretens von Nelkenwicklern unter Angabe des Standorts der Pflanzen unverzüglich zu melden.
Absatz 2: Nelkenwickler sind der Mittelmeer-Nelkenwickler (Cacoecimorpha pronubana Hb. = Tortrix pronubana Hb.) und der Südafrikanische Nelkenwickler (Epichoristodes acerbella (Walk.) Diak.).

§ Die „SchildlV“ (Verordnung zur Bekämpfung der San-Jose-Schildlaus) wirft gleich mehrere Fragen auf: Wie kommt dieser Schädling zu seinem exotischen Namen, wie erfährt man, ob er tatsächlich tot ist, und warum sollte man ihn züchten, halten oder sonstwie mit ihm arbeiten wollen?
§ 4 Absatz 4: Eine Pflanze gilt als (von der San-Jose-Schildlaus) befallen, wenn sich an ihr mindestens eine San-Jose-Schildlaus befindet, die nicht nachweislich tot ist.
§ 7: Das Züchten und Halten der San-Jose-Schildlaus sowie das Arbeiten mit diesem Schadorganismus sind verboten.

* Benannt nach John Lawrence LeConte, dem wichtigsten Käferforscher des 19. Jahrhunderts.

Rund um die Knolle

Was im Tierreich die Bienen, das sind im Pflanzenreich die Kartoffeln: Eine vom Gesetzgeber in der „SpKartHKV" (Verordnung über gesetzliche Handelsklassen für Speisekartoffeln und Speisefrühkartoffeln) sowie in der „PflKartV" (Pflanzkartoffelverordnung) sorgsam reglementierte Spezies.

§ Geschmackvolle Etiketten

§ 2 Nr. 1 c): (sinngemäß) Das zur Kennzeichnung von Vorstufenpflanzgut dienende Etikett hat wie folgt auszusehen: „weiß mit einem von links unten nach rechts oben verlaufenden 5 mm breiten violetten Diagonalstreifen".

§ Logisch

§ 3 Nr. 1: Aus Vorstufenpflanzgut erwachsenes Basispflanzgut und Basispflanzgut EWG werden nur anerkannt, wenn das Vorstufenpflanzgut anerkannt ist.

§ Die In-vitro-Kartoffel

§ 5 Abs. 3. S. 3: Bei einer Erhaltungszüchtung durch In-vitro-Verfahren genügt eine Erklärung, dass das von der Mutterknolle abstammende Material frei von … Schadorganismen ist.

§ SpKartHKV

§ 1 Abs 1 Nr. 2: Speisekartoffeln im Sinne dieser Verordnung sind zum menschlichen Verzehr bestimmte Kartoffeln der Art Solanum tuberosum L., die den folgenden Kochtypen zugeordnet sind: festkochend, vorwiegend festkochend oder mehlig-kochend.

Wenn die Postkleiderkasse klingelt

Die wenigsten werden sich vorstellen können, was genau eine Postkleiderkasse ist. Was aber passiert, wenn sich mehrere davon auch noch vereinigen, übersteigt wohl jede Fantasie. Das „PostKlKG" (Gesetz über Postkleiderkassen) regelt dazu:

Der Reichspostminister wird ermächtigt, die Rechtsverhältnisse der Postkleiderkassen neu zu ordnen, Postkleiderkassen zu errichten, die bestehenden aufzulösen oder miteinander zu vereinigen und die Satzungen dieser Kassen zu ändern.

„PrisenO“ (Prisenordnung): Hier geht es nicht um Schnupf - tabak, sondern um die derzeit zum Glück nicht tagesaktuelle Frage, wie mit gekaperten Schiffen umzugehen ist. Nach dem Zweiten Weltkrieg wurde diese Norm nicht etwa außer Kraft gesetzt, sondern sie gilt weiter für die Deutsche Marine. 1964 wurde sie lediglich mit redaktionellen Bearbeitungen versehen, sonst aber inhaltlich unverändert umgesetzt im „Ständigen Befehl der Flotte Nr. 10“. Hier einige Auszüge:

Artikel 1 Absatz 1: Das Prisenrecht umfasst die Befugnis, feindliche und neutrale Seefahrzeuge anzuhaften sowie mit diesen Fahrzeugen und mit dem auf ihnen befindlichen Gut nach Maßgabe der folgenden Bestimmungen zu verfahren.

Artikel 2: Zur Ausübung des Prisenrechts sind befugt:

1.die Kommandanten und Führer von Kriegsschiffen [1]) sowie von sonstigen Einheiten der Wehrmacht,

2.die für das deutsche Hoheitsgebiet besonders damit beauftragten Dienststellen.

[1]) Der Führer eines Prisenkommandos ist zur Ausübung des Prisenrechts nicht befugt.

Artikel 5: Das Prisenrecht wird nicht ausgeübt:

1.in neutralen Hoheitsgewässern [1]),

2. in denjenigen Gewässern, welche den Kriegshandlungen aufgrund von Verträgen des Reichs verschlossen sind [2]).

[1]) Unzulässig sind nicht nur Prisenmaßnahmen innerhalb der neutralen Hoheitsgewässer, sondern auch aus diesen heraus. Auf hoher See begonnene Maßnahmen dürfen nicht in neutralen Hoheitsgewässern fortgesetzt werden. Ein versehentlich innerhalb der neutralen oder neutralisierten Gewässer aufgebrachtes Fahrzeug ist nach Feststellung des Irrtums unverzüglich freizulassen.

[2]) Hierunter fallen die Küstengewässer von Korfu und Paros, auch wenn Griechenland an den Feindseligkeiten beteiligt ist; der Suezkanal mit Einfahrthäfen sowie in einem Umkreise von 3 sm vor diesen Häfen; Küstengewässer von Spitzbergen, auch wenn Norwegen an den Feindseligkeiten beteiligt ist; die Küstengewässer der Aalandsinseln.

Artikel 4 Prisengerichtsordnung: Prisengericht erster Instanz ist der Prisenhof. Prisengericht zweiter Instanz ist der Oberprisenhof.

Gesetz zum Sklavenhandel

Die folgende Vorschrift ist nur vor dem Hintergrund zu verstehen, dass Deutschland früher Kolonien besaß. Weshalb das „SklHG" (Gesetz betreffend die Bestrafung des Sklavenraubes und des Sklavenhandels 1895) nie aufgehoben wurde, ist nicht bekannt.

§ 1 Absatz 1: Die vorsätzliche Mitwirkung an einem auf Sklavenraub gerichteten Unternehmen wird mit Freiheitsstrafe nicht unter einem Jahr bestraft. Die Veranstalter und Anführer des Unternehmens trifft Freiheitsstrafe nicht unter drei Jahren.
Absatz 2: Ist durch einen zum Zweck des Sklavenraubs unternommenen Streifzug der Tod einer Person, gegen welche der Streifzug gerichtet war, verursacht worden, so ist gegen die Veranstalter und Anführer auf lebenslange Freiheitsstrafe, gegen die übrigen Teilnehmer auf Freiheitsstrafe nicht unter drei Jahren zu erkennen.
§ 2: Wer Sklavenhandel betreibt oder bei der diesem Handel dienenden Beförderung von Sklaven vorsätzlich mitwirkt, wird mit Freiheitsstrafe nicht unter einem Jahr bestraft. In minder schweren Fällen ist die Strafe Freiheitsstrafe von drei Monaten bis zu fünf Jahren.

Das ProstG

Auch wenn die Bezeichnung gesellig klingen mag, hat das „ProstG" (Gesetz zur Regelung der Rechtsverhältnisse der Prostituierten) einen ernsten Hintergrund. Jahrzehntelang galt Prostitution als sittenwidrig, der daraus resultierende sogenannte „Dirnenlohn" war deshalb nicht einklagbar. Um Streitigkeiten von den Bordell-Hinterhöfen in den Gerichtssaal verlagern (und darüber hinaus Sozialversicherungsschutz begründen) zu können, bedurfte es dieses Gesetzes, übrigens eines der kürzesten, die es gibt:

§ 1 Sind sexuelle Handlungen gegen ein vorher vereinbartes Entgelt vorgenommen worden, so begründet diese Vereinbarung eine

rechtswirksame Forderung. Das Gleiche gilt, wenn sich eine Person, insbesondere im Rahmen eines Beschäftigungsverhältnisses, für die Erbringung derartiger Handlungen gegen ein vorher vereinbartes Entgelt für eine bestimmte Zeitdauer bereithält.
§ 2 Die Forderung kann nicht abgetreten und nur im eigenen Namen geltend gemacht werden.
§ 3 Bei Prostituierten steht das eingeschränkte Weisungsrecht im Rahmen einer abhängigen Tätigkeit der Annahme einer Beschäftigung im Sinne des Sozialversicherungsrechts nicht entgegen.

Keine offenen Fragen zu den krummen Dingern

Wie die banale Banane zur Qualitätsfrucht wird, regelt die „QNormBanV" (Verordnung über Qualitätsnormen für Bananen):

Anhang I, Ziffer II A, Mindesteigenschaften:
In allen Güteklassen müssen die Bananen vorbehaltlich der besonderen Bestimmungen für jede Klasse und der zulässigen Toleranzen wie folgt beschaffen sein (u. a.):

- *grün, nicht gereift;*
- *frei von Missbildungen und anomaler Krümmung der Finger;*
- *frei von anomaler äußerer Feuchtigkeit;*
- *frei von fremdem Geruch und/oder Geschmack.*

Ferner müssen die Hände bzw. Cluster (Handteile) aufweisen:

- *ein ausreichendes, gesundes Stück Krone normaler Färbung frei von Pilzbefall.*

Ziffer III Die Größensortierung erfolgt nach der Länge der Früchte in Zentimeter, gemessen über die äußere Wölbung vom Stielansatz in der Krone bis zum Blütenende; die Länge muss mindestens 14 cm und die Dicke mindestens 27 mm betragen.

Beförderung von Schweinen

Eine Regelung, die so mancher vielleicht eher im Arbeitsrecht vermutet hätte, findet sich im „SchwHaltHygV“ (Verordnung über hygienische Anforderungen beim Halten von Schweinen). Es ist die Überschrift des § 5, die da lautet:
Beförderung von Schweinen
In der Sache selbst geht es dann aber nicht darum, wie und warum oft die fiesesten und missliebigsten Kollegen einen besseren Job bekommen, sondern um den Transport von Borstenvieh.

Das WeinG

Während sich hinter dem „ProstG“ (siehe oben) trotz seines heiteren Namens ernste Angelegenheiten verbergen, regelt das „WeinG“ (Weingesetz) eine keineswegs traurige Materie – selbst wenn seine unerbittliche Folgerichtigkeit dem einen oder anderen durchaus die Tränen in die Augen treiben kann:

> *§ 2 Nr. 3: Inländischer Wein ist im Inland aus inländischen Weintrauben hergestellter Wein.*

Wandernde Wasservögel

Mehr Fragen als Antworten wirft eine Vorschrift im „WVögelAbkG“ (Gesetz zu dem Abkommen vom 16. Juni 1995 zur Erhaltung der afrikanisch-eurasischen wandernden Wasservögel) auf:

> *Artikel 3 Absatz 1: Es ist verboten, Vögel der in Anlage 3 [...] aufgeführten Arten von einem Schiff aus, das berechtigt ist, die Bundesflagge zu führen, außerhalb der nationalen Hoheitsgewässer der Natur zu entnehmen.*

Was ist überhaupt ein wandernder Wasservogel? Kann er nicht wie normale Vögel fliegen, dafür aber schwimmen, und wandert zur Entspannung ab und zu? Fallen auch Wandervögel, die gerne schwimmen, unter diesen Begriff? Warum sind nur europäische, afrikanische und asiatische, nicht aber australische Wasservögel geschützt? Darf man solche Vögel innerhalb der nationalen Hoheitsgewässer zwar entnehmen, sich damit aber nicht außer Landes begeben? Was ist mit Schiffen, die das

Recht (oder die Lust) verloren haben, die Bundesflagge zu führen? Dürfen die dann wenigstens so viele afrikanisch-eurasische wandernde Wasservögel entnehmen, wie sie wollen, dürfen dann aber nicht mehr zurück ins nationale Hoheitsgebiet?

Das Zerlegungsgesetz

Im „ZerlG" „Zerlegungsgesetz" geht es nicht um Ausbildungsvorschriften für Metzger, sondern um ein steuerrechtliches Thema:

§ 2 Grundlagen der Zerlegung der Körperschaftsteuer
Absatz 1: Bei Körperschaften, Personenvereinigungen und Vermögensmassen [...], die im Veranlagungszeitraum im Geltungsbereich dieses Gesetzes außerhalb des nach § 1 Abs. 1 steuerberechtigten Landes eine Betriebsstätte, mehrere Betriebsstätten oder Teile von Betriebsstätten unterhalten haben, ist die auf die Einkünfte aus Gewerbebetrieb entfallende [...] Körperschaftsteuer durch das für die Veranlagung zuständige Finanzamt (Erhebungsfinanzamt) auf die beteiligten Länder zu zerlegen, wenn sie mindestens einen absoluten Betrag von 500.000 € erreicht.

Klar und deutlich

Die nachfolgenden Gesetzesbezeichnungen und/oder -regelungen fanden wir einfach lustig, ohne uns näher damit beschäftigt zu haben:

§ „HopfG" (Hopfengesetz)

§ „IntKakaoÜbk 1986" (Internationales Kakao-Übereinkommen von 1986)

§ „ErwSchÜbk" (Übereinkommen über den internationalen Schutz von Erwachsenen)

§ „EuFernsAbk" (Europäisches Abkommen zum Schutz von Fernsehsendungen)

§ „HaldeRlAnO" (Anordnung über Halden und Restlöcher)
Diese Anordnung gilt auch für Bürger hinsichtlich ihres Verhaltens an Bereichen von Halden und Restlöchern.

§ „KErzG" (Gesetz über die religiöse Kindererziehung)
Verträge über die religiöse Erziehung eines Kindes sind ohne bürgerliche Wirkung.

§ „BlauzungenV“ (Verordnung zum Schutz gegen die Blauzungenkrankheit)

§ „HufBeschlG“ (Gesetz über den Beschlag von Hufen und Klauen)

§ „KaEntwBkÜbk“ (Übereinkommen zur Errichtung der Karibischen Entwicklungsbank)

§ „MBergKostV“ (Meeresbodenbergbau-Kostenverordnung)
Für Amtshandlungen nach dem Meeresbodenbergbaugesetz (MBergG) erhebt das Oberbergamt in Clausthal-Zellerfeld Kosten (Gebühren und Auslagen) nach dieser Verordnung.

§ „MoselSchPV“ (Moselschifffahrtspolizeiverordnung)
§ 1.02 Schiffsführer
1. Jedes Fahrzeug sowie jeder Schwimmkörper muss unter der Führung einer hierfür geeigneten Person stehen. Diese wird als „Schiffsführer“ bezeichnet. Seine Eignung gilt als vorhanden, wenn er eine der in der Verordnung über das Führen von Fahrzeugen auf der Mosel vorgesehenen Urkunden für die von ihm geführte Fahrzeugart besitzt.
§ 1.11 Mitführen der Moselschifffahrtspolizeiverordnung
An Bord eines jeden Fahrzeugs, ausgenommen Kleinfahrzeuge und Schubleichter, muss sich ein Abdruck dieser Verordnung, der auch eine auf elektronischem Wege jederzeit lesbare Textfassung sein darf, in ihrer jeweils geltenden Fassung, einschließlich der Rechtsverordnungen nach § 1.22 Nr. 3, befinden.

§ „MgVG“ (Gesetz über die Mitbestimmung der Arbeitnehmer bei einer grenzüberschreitenden Verschmelzung)

§ „SchKiSpV“ (Verordnung über die Schüler- und Kinderspeisung)
§ 2 (1) Für Schüler der allgemeinbildenden Schulen, für Lehrlinge der kommunalen Berufsschulen und für Kinder in Kindergärten ist an Werktagen – außer an Sonnabenden – eine abwechslungsreiche, nahrhafte, gesunde und dem Geschmack der Kinder entsprechende warme Hauptmahlzeit bereitzustellen.
(2) Es ist zu sichern, dass alle Schüler, Lehrlinge und Kinder in den Einrichtungen an allen Werktagen an der Trinkmilchversorgung teilnehmen können.

§ „WasMotRV“ (Verordnung über das Fahren mit Wassermotorrädern auf den Binnenschifffahrtsstraßen)

§ 3 Abs. 1: Satz 2 Nr. 1 gilt nur, wenn ein klar erkennbarer Geradeauskurs eingehalten wird.

§ 6 I 1.: Darüber hinaus ist das Führen von Wassermotorrädern nur erlaubt, wenn durch entsprechende technische Einrichtungen sichergestellt ist, dass sich im Fall des Überbordgehens des Fahrzeugführers der Motor automatisch abschaltet oder automatisch auf kleinste Fahrstufe zurückschaltet und dann das Wassermotorrad eine Kreisbahn einschlägt;

§ „WeißzuckerBhV" (Verordnung über die Gewährung von Beihilfen für die private Lagerhaltung von Weißzucker)

Sonstige Merkwürdigkeiten des Gesetzgebers oder der Gerichte

§ Einmal ist einmalig

§ 5 Absatz 1 Satz 1 des Bundesbesoldungs- und -versorgungsanpassungsgesetzes

Die einmalige Zahlung wird für jeden Berechtigten nur einmal gewährt.

§ Kostenlos ist ganz schön billig

Entscheidung des Bundesgerichtshofs, BGHZ 113, Seite 251 ff.:

Der Begriff kostenlos bedeutet unentgeltlich.

§ Alles andere als ungezwungen

§ 9 Absatz 1 c) des Verwaltungs-Vollstreckungsgesetzes

Zwangsmittel ist … unmittelbarer Zwang.

§ Die wohl kürzeste Norm des deutschen Rechts

Artikel 14 Absatz 2 Satz 1 des Grundgesetzes

Eigentum verpflichtet.

§ Wie viele „B"s passen in eine Gesetzesabkürzung? Mindestens sechs: BDGBIBBBMinBFAnO

Diese Abkürzung steht für die *Anordnung zur Durchführung des Bundesdisziplinargesetzes bei dem bundesunmittelbaren Bundesinstitut für Berufsbildung im Geschäftsbereich des Bundesministeriums für Bildung und Forschung*

§ Wo sich Abkürzungen lohnen

Sicherlich bei der BMinWiTuaBeihZustAnO. Ausgeschrieben lautet sie: *Anordnung zur Übertragung von Zuständigkeiten für den Erlass von Widerspruchsbescheiden und die Vertretung des Bundes bei Klagen von Beschäftigten des Bundesministeriums für Wirtschaft und Technologie, der Bundesanstalt für Materialforschung und -prüfung, der Physikalisch-Technischen Bundesanstalt, der Bundesanstalt für Geowissenschaften und Rohstoffe, des Bundeskartellamtes und des Bundesamtes für Wirtschaft und Ausfuhrkontrolle in Angelegenheiten nach den Beihilfevorschriften des Bundes*

… oder eher nicht beim WPostVtr1994VollzOSchlProt, das ausgeschrieben kaum länger ist: *Schlussprotokoll zur Vollzugsordnung zum Weltpostvertrag*

§ Wer blind Auto fährt, darf ungestört parken

Die Straßenverkehrs-Ordnung (STVO) enthält in ihrer Anlage 2 zu § 41 Absatz 1 folgendes Zeichen, dessen Erläuterung doch ein wenig rätselhaft erscheint:

Das Zusatzzeichen nimmt schwerbehinderte Menschen mit außergewöhnlicher Gehbehinderung, beidseitiger Amelie oder Phokomelie oder mit vergleichbaren Funktionseinschränkungen sowie blinde Menschen, jeweils mit besonderem Parkausweis Nr. ..., vom Haltverbot aus.

Aus der Bayerischen Verfassung

Volle Freizügigkeit

Dass in Bayern vieles erlaubt ist oder zumindest passiert, was andernorts nicht üblich ist, weiß man. Dass die Freizügigkeit dort aber sogar Verfassungsrang genießt, ist vielleicht nicht jedem bekannt. Tatsächlich verspricht Artikel 109 Absatz 1:
Alle Bewohner Bayerns genießen volle Freizügigkeit.
Wer all die Freizügigkeit doch nicht aushält, kann sich auf Absatz 2 berufen, muss dann aber nicht nur Bayern, sondern gleich allen anderen deutschen Bundesländern den Rücken kehren:
Alle Bewohner Bayerns sind berechtigt, nach außerdeutschen Ländern auszuwandern.

Schmutz und Schund

Von Bayerischen Politikern wird gerne betont, dass sie Mitglieder des Vereins für deutliche Aussprache sind. Grenzen zieht ihnen und Ihren Wählern dabei aber die Verfassung. So regelt zwar Absatz 1 des Artikels 110:
Jeder Bewohner hat das Recht, seine Meinung durch Wort, Schrift, Druck, Bild oder in sonstiger Weise frei zu äußern.
Absatz 2 aber macht klar, wann es zu viel ist:
Die Bekämpfung von Schmutz und Schund ist Aufgabe des Staates und der Gemeinden.

Köstliche Kinder

Bayerische Kinder sind anders. Nach Artikel 125 Absatz 1 der Bayrischen Landesverfassung steht nämlich fest:
Kinder sind das köstlichste Gut eines Volkes.
Damit das auch so bleibt, stellt Artikel 125 Absatz 2 unmissverständlich klar:
Die Reinhaltung, Gesundung und soziale Förderung der Familie ist gemeinsame Aufgabe des Staates und der Gemeinden.

In Liebe zur Bayerischen Heimat

Heimatliebe ist auch eine Frage der Erziehung, und was Hänschen nicht lernt, lernt Hans nimmermehr. Deshalb regelt Artikel 131 Absatz 3 und 4:

Die Schüler sind im Geiste der Demokratie, in der Liebe zur bayerischen Heimat und zum deutschen Volk und im Sinne der Völkerversöhnung zu erziehen.

Die Mädchen und Buben sind außerdem in der Säuglingspflege, Kindererziehung und Hauswirtschaft besonders zu unterweisen.

Waldfrüchte für alle

Bayern ist bekanntlich mit Naturschönheiten und Waldfrüchten reich gesegnet. So überreich, dass die Verfassung in Artikel 141 dazu regeln konnte:

Der Genuss der Naturschönheiten und die Erholung in der freien Natur, insbesondere das Betreten von Wald und Bergweide, das Befahren der Gewässer und die Aneignung wild wachsender Waldfrüchte in ortsüblichem Umfang ist jedermann gestattet.

Schick bis zum Ende

Artikel 149 überlässt auch das Ende der irdischen Existenz nicht dem Zufall, sondern verlangt:

Die Gemeinden haben dafür zu sorgen, dass jeder Verstorbene schicklich beerdigt werden kann.

Aus dem Bürgerlichen Gesetzbuch (BGB)

Tiere sind keine Sachen, aber irgendwie doch

Der Gesetzgeber wollte aus ethischen Gründen Tiere zwar nicht als Sachen im Sinne des Gesetzes bezeichnen, aber doch so behandeln, denn es stellte sich heraus, dass die Vorschriften des Sachenrechts durchaus passend sind. Deshalb kam es, typisch Juristen, zu folgender Kompromissregelung:

§ 90 Begriff der Sache
Sachen im Sinne des Gesetzes sind nur körperliche Gegenstände.
§ 90 a Tiere
Tiere sind keine Sachen. Sie werden durch besondere Gesetze geschützt. Auf sie sind die für Sachen geltenden Vorschriften entsprechend anzuwenden, soweit nicht etwas anderes bestimmt ist.

Zwar nicht in einem Gesetz, doch in einem Rechtswörterbuch (Gerhard Köbler) werden Tiere wie folgt definiert: „Tier ist das Lebewesen, das sich vom Menschen durch das Fehlen von Vernunft und Sprache sowie von der Pflanze durch Bewegungsvermögen und Empfindungsvermögen unterscheidet."

Vorsicht: Überfall mit Früchten

Der Begriff des Überfalls kommt offiziell nicht etwa, wie man vermuten würde, im Strafrecht, sondern lediglich im Zivilrecht vor, und zwar im Bereich des Nachbarrechts:

§ 911 Überfall
Früchte, die von einem Baum oder einem Strauche auf ein Nachbargrundstück hinüberfallen, gelten als Früchte dieses Grundstücks. Diese Vorschrift findet keine Anwendung, wenn das Nachbargrundstück dem öffentlichen Gebrauch dient.

Ungewöhnliche Grenzprobleme

Der Gesetzgeber hatte bei Schaffung des BGB zahlreiche Grenzprobleme regeln wollen, die sich in der Praxis kaum je als relevant erwiesen, dabei kam es zu interessanten Wortschöpfungen:

§ 919 Das verrückt gewordene Grenzzeichen
Der Eigentümer eines Grundstücks kann von dem Eigentümer eines Nachbargrundstücks verlangen, dass dieser zur Errichtung

fester Grenzzeichen und, wenn ein Grenzzeichen verrückt oder unkenntlich geworden ist, zur Wiederherstellung mitwirkt.

§ 920 Grenzverwirrung

Lässt sich im Falle einer Grenzverwirrung die richtige Grenze nicht ermitteln, so ist für die Abgrenzung der Besitzstand maßgebend. Kann der Besitzstand nicht festgestellt werden, so ist jedem der Grundstücke ein gleich großes Stück der streitigen Fläche zuzuteilen.

§ 921 Gemeinschaftliche Benutzung von Grenzanlagen

Werden zwei Grundstücke durch einen Zwischenraum, Rain, Winkel, einen Graben, eine Mauer, Hecke, Planke oder eine andere Einrichtung, die zum Vorteil beider Grundstücke dient, voneinander geschieden, so wird vermutet, dass die Eigentümer der Grundstücke zur Benutzung der Einrichtung gemeinschaftlich berechtigt seien, sofern nicht äußere Merkmale darauf hinweisen, dass die Einrichtung einem der Nachbarn allein gehört.

§ 923 Grenzbaum [und gereimter Strauch]

Absatz 3: Diese Vorschriften gelten auch
für einen auf der Grenze stehenden Strauch.

Schwärmende Bienen

Zu Zeiten des Inkrafttretens des BGB gab es offenbar eine starke Bienenzüchter-Lobby. Nur so lässt sich erklären, dass die mit dieser Betätigung zusammenhängenden Rechtsfragen umgekehrt proportional zu ihrer heutigen Bedeutung geregelt wurden. Warum allerdings diese Vorschriften, die kaum je praxisrelevant wurden, jede Gesetzesänderung überstanden haben und auch heute noch zur Freude aller Gesetzesliebhaber das BGB zieren, weiß niemand:

§ 961 BGB Eigentumsverlust bei Bienenschwärmen

Zieht ein Bienenschwarm aus, so wird er herrenlos, wenn nicht der Eigentümer ihn unverzüglich verfolgt oder wenn der Eigentümer die Verfolgung aufgibt.

§ 962 BGB Verfolgungsrecht des Eigentümers

Der Eigentümer des Bienenschwarms darf bei der Verfolgung fremde Grundstücke betreten. Ist der Schwarm in eine fremde nicht besetzte Bienenwohnung eingezogen, so darf der Eigentümer des Schwarmes zum Zwecke des Einfangens die Wohnung öffnen und die Waben herausnehmen oder herausbrechen. Er hat den entstehenden Schaden zu ersetzen.

§ 963 BGB Vereinigung von Bienenschwärmen

Vereinigen sich ausgezogene Bienenschwärme mehrerer Eigentümer, so werden die Eigentümer, welche ihre Schwärme verfolgt haben, Miteigentümer des eingefangenen Gesamtschwarms; die Anteile bestimmen sich nach der Zahl der verfolgten Schwärme.

§ 964 BGB Vermischung von Bienenschwärmen

Ist ein Bienenschwarm in eine fremde besetzte Bienenwohnung eingezogen, so erstrecken sich das Eigentum und die sonstigen Rechte an den Bienen, mit denen die Wohnung besetzt war, auf den eingezogenen Schwarm. Das Eigentum und die sonstigen Rechte an dem eingezogenen Schwarm erlöschen.

Bewusstlos auf dem Standesamt

Auch bei dieser Vorschrift erschließt sich die Praxisbedeutung nicht sofort, es ist jedoch irgendwie beruhigend, dass der Gesetzgeber einen auch in Ausnahmesituationen nicht schutzlos lässt:

§ 1314 Aufhebungsgründe

Absatz 2: Eine Ehe kann ferner aufgehoben werden, wenn

1. ein Ehegatte sich bei der Eheschließung im Zustand der Bewusstlosigkeit oder vorübergehender Störung der Geistestätigkeit befand;

2. ein Ehegatte bei der Eheschließung nicht gewusst hat, dass es sich um eine Eheschließung handelt.

Befriedigende Vorschrift

Ein Beispiel dafür, dass sich die Bedeutung juristischer Begriffe nicht sofort aus dem normalen Sprachgebrauch erschließt, ist die Überschrift des folgenden Paragrafen, der keineswegs Straftaten gegen die sexuelle Selbstbestimmung, sondern das Vorgehen bei Pfändungen zum Gegenstand hat:

§ 1277 Befriedigung durch Zwangsvollstreckung

Der Pfandgläubiger kann seine Befriedigung aus dem Recht nur aufgrund eines vollstreckbaren Titels nach den für die Zwangsvollstreckung geltenden Vorschriften suchen, sofern nicht ein anderes bestimmt ist.

Kranzgeld*

Die Verfasser des BGB im Jahr 1900 kannten nicht nur andere Wertvorstellungen als der heutige Gesetzgeber, ihre Sprache war mitunter auch prosaischer:

§ 1300
Hat eine unbescholtene Verlobte ihrem Verlobten die Beiwohnung gestattet, so kann sie [nach Aufhebung des Verlöbnisses] eine billige Entschädigung in Geld verlangen.

Diese Vorschrift führte auch zu einem schönen Merksatz bei Jurastudenten:

„Der Bräutigam schaut sehr verwundert,
die Braut, sie klagt aus dreizehnhundert."

1998 war es dann so weit: Unbescholtene Verlobte waren im gesamten Geltungsbereich des BGB wohl kaum mehr aufzufinden – die Vorschrift jedenfalls wurde ersatzlos gestrichen.

Was ist eine Mutter?

§ 1591 Mutterschaft
Mutter eines Kindes ist die Frau, die es geboren hat.

Und wie wird man Vater?

Vater eines Kindes ist der Mann, der zum Zeitpunkt der Geburt mit der Mutter des Kindes verheiratet ist, der die Vaterschaft anerkannt hat oder dessen Vaterschaft nach § 1600 BGB gerichtlich festgestellt ist.

Erwünschte Kinderarbeit

Üblicherweise meint man, dass Eltern vor allem für ihre Kinder da sein sollen. Das Gesetz kennt aber auch den umgekehrten Fall und weist eine Regelung auf, die vielleicht auch einmal als nützliches Argument gegenüber Kindern eingesetzt werden kann, die sich vor dem Abwasch oder dem Rasenmähen drücken wollen:

* Wortherkunft nach dem Strohkranz, den die nicht mehr jungfräuliche Braut, die Strohjungfer, nach altem Brauch bei der Hochzeit tragen musste. Die unbescholtene Braut durfte sich dagegen im Myrtenkranz präsentieren.

§ 1619 BGB Dienstleistungen in Haus und Geschäft
Das Kind ist, solange es dem elterlichen Hausstand angehört und von den Eltern erzogen oder unterhalten wird, verpflichtet, in einer seinen Kräften und seiner Lebensstellung entsprechenden Weise den Eltern in ihrem Hauswesen und Geschäft Dienste zu leisten.

Aus dem Strafgesetzbuch (StGB)

Auch das StGB verwendet Begriffe und kennt Regelungen, die man so nicht erwartet hätte.

Lieber verstümmelt als zum Bund

Vor allem in Zeiten des Kalten Krieges und wohl angesichts damals langer Dauer der Wehrpflicht entstand dieser Paragraf:

§ 109 Wehrpflichtentziehung durch Verstümmelung
Wer sich oder einen anderen mit dessen Einwilligung durch Verstümmelung oder auf andere Weise zur Erfüllung der Wehrpflicht untauglich macht oder machen lässt, wird mit Freiheitsstrafe von drei Monaten bis zu fünf Jahren bestraft.

Gröblich entstellte Bundeswehr

Auch die Bedeutung dieser Regelung dürfte mit den Jahren abgenommen haben, Verurteilungen sind jedenfalls sehr selten:

§ 109 d Störpropaganda gegen die Bundeswehr
Wer unwahre oder gröblich entstellte Behauptungen tatsächlicher Art, deren Verbreitung geeignet ist, die Tätigkeit der Bundeswehr zu stören, wider besseres Wissen zum Zwecke der Verbreitung aufstellt oder solche Behauptungen in Kenntnis ihrer Unwahrheit verbreitet, um die Bundeswehr in der Erfüllung ihrer Aufgabe der Landesverteidigung zu behindern, wird mit Freiheitsstrafe bis zu fünf Jahren oder mit Geldstrafe bestraft.

Gestörte Bestattungsfeier

§ 167a Störung einer Bestattungsfeier
Wer eine Bestattungsfeier absichtlich oder wissentlich stört, wird mit Freiheitsstrafe bis zu drei Jahren oder mit Geldstrafe bestraft.

Das untergeschobene Kind

§ 169 Personenstandsfälschung
Wer ein Kind unterschiebt oder den Personenstand eines anderen gegenüber einer zur Führung von Personenstandsregistern oder zur Feststellung des Personenstands zuständigen Behörde falsch angibt oder unterdrückt, wird mit Freiheitsstrafe bis zu zwei Jahren oder mit Geldstrafe bestraft.

Einmal heiraten ist genug

§ 172 Doppelehe
Wer eine Ehe schließt, obwohl er verheiratet ist, oder wer mit einem Verheirateten eine Ehe schließt, wird mit Freiheitsstrafe bis zu drei Jahren oder mit Geldstrafe bestraft.

Alle Exhibitionisten sind Männer, weibliche Entblößung bleibt offenbar straflos

§ 183 Exhibitionistische Handlungen
Ein Mann, der eine andere Person durch eine exhibitionistische Handlung belästigt, wird mit Freiheitsstrafe bis zu einem Jahr oder mit Geldstrafe bestraft.

„... und Sie mich auch"

§ 199 Wechselseitig begangene Beleidigungen
Wenn eine Beleidigung auf der Stelle erwidert wird, so kann der Richter beide Beleidiger oder einen derselben für straffrei erklären.

Autos und Fahrräder darf man nicht unbefugt ausleihen, aber was ist mit Lokomotiven?

§ 248b Unbefugter Gebrauch eines Fahrzeugs
Wer ein Kraftfahrzeug oder ein Fahrrad gegen den Willen des Berechtigten in Gebrauch nimmt, wird mit Freiheitsstrafe bis zu drei Jahren oder mit Geldstrafe bestraft, wenn die Tat nicht in anderen Vorschriften mit schwererer Strafe bedroht ist. Kraftfahrzeuge im Sinne dieser Vorschrift sind die Fahrzeuge, die durch Maschinenkraft bewegt werden, Landkraftfahrzeuge nur insoweit, als sie nicht an Bahngleise gebunden sind.

Haltet den Stromdieb mit dem Leiter

§ 248c Entziehung elektrischer Energie
Wer einer elektrischen Anlage oder Einrichtung fremde elektrische Energie mittels eines Leiters entzieht, der zur ordnungsmäßigen Entnahme von Energie aus der Anlage oder Einrichtung nicht bestimmt ist, wird, wenn er die Handlung in der Absicht begeht, die elektrische Energie sich oder einem Dritten rechts-

widrig zuzueignen, mit Freiheitsstrafe bis zu fünf Jahren oder mit Geldstrafe bestraft.

Zerstörung verboten (und auch ganz schön schwierig)

§ 305 Zerstörung von Bauwerken
Wer rechtswidrig ein Gebäude, ein Schiff, eine Brücke, einen Damm, eine gebaute Straße, eine Eisenbahn oder ein anderes Bauwerk, welche fremdes Eigentum sind, ganz oder teilweise zerstört, wird mit Freiheitsstrafe bis zu fünf Jahren oder mit Geldstrafe bestraft.

Ein Polizeiauto ist ein wichtiges Arbeitsmittel und sollte deshalb nicht zerstört werden

§ 305 a Zerstörung wichtiger Arbeitsmittel
Wer rechtswidrig ein Kraftfahrzeug der Polizei oder der Bundeswehr ganz oder teilweise zerstört, wird mit Freiheitsstrafe bis zu fünf Jahren oder mit Geldstrafe bestraft.

Wer Atombomben abwirft

Wer Atombomben abwirft, wer weiß, was ionisierende Strahlen sind und wie man sie missbraucht, oder wer, von Beruf vielleicht Regenmacher, eine Überschwemmung herbeiführt, wird sehr bestraft. (Vorausgesetzt, dass es dann überhaupt noch Gerichte gibt.)

§ 307 Herbeiführen einer Explosion durch Kernenergie
Wer es unternimmt, durch Freisetzen von Kernenergie eine Explosion herbeizuführen und dadurch Leib oder Leben eines anderen Menschen oder fremde Sachen von bedeutendem Wert zu gefährden, wird mit Freiheitsstrafe nicht unter fünf Jahren bestraft.
§ 309 Missbrauch ionisierender Strahlen
Wer in der Absicht, die Gesundheit eines anderen Menschen zu schädigen, es unternimmt, ihn einer ionisierenden Strahlung auszusetzen, die dessen Gesundheit zu schädigen geeignet ist, wird mit Freiheitsstrafe von einem Jahr bis zu zehn Jahren bestraft.
§ 313 Herbeiführen einer Überschwemmung

Wer eine Überschwemmung herbeiführt und dadurch Leib oder Leben eines anderen Menschen oder fremde Sachen von bedeutendem Wert gefährdet, wird mit Freiheitsstrafe von einem Jahr bis zu zehn Jahren bestraft.

Aus dem Gesetz über Ordnungswidrigkeiten (OWiG)

Bitte gehen Sie sofort auseinander

§ 113 Unerlaubte Ansammlung
Absatz 1: Ordnungswidrig handelt, wer sich einer öffentlichen Ansammlung anschließt oder sich nicht aus ihr entfernt, obwohl ein Träger von Hoheitsbefugnissen die Menge dreimal rechtmäßig aufgefordert hat, auseinanderzugehen.

Gefangenen winken oder mit ihnen verkehren verboten

§ 115 Verkehr mit Gefangenen
Ordnungswidrig handelt, wer unbefugt
1. einem Gefangenen Sachen oder Nachrichten übermittelt oder sich von ihm übermitteln lässt oder
2. sich mit einem Gefangenen, der sich innerhalb einer Vollzugsanstalt befindet, von außen durch Worte oder Zeichen verständigt.

Grob ungehörig gehört sich nicht

§ 118 Belästigung der Allgemeinheit
Ordnungswidrig handelt, wer eine grob ungehörige Handlung vornimmt, die geeignet ist, die Allgemeinheit zu belästigen oder zu gefährden und die öffentliche Ordnung zu beeinträchtigen.

Das unhaltbare, gefährliche, wild lebende oder bösartige Tier

§ 121 Halten gefährlicher Tiere
Absatz 1: Ordnungswidrig handelt, wer vorsätzlich oder fahrlässig
1. ein gefährliches Tier einer wild lebenden Art oder ein bösartiges Tier sich frei umherbewegen lässt oder
2. als Verantwortlicher für die Beaufsichtigung eines solchen Tieres es unterlässt, die nötigen Vorsichtsmaßnahmen zu treffen, um Schäden durch das Tier zu verhüten.

Wer zu betrunken ist, um eine Geldbuße zu bekommen, bekommt eine Geldbuße

§ 122 Vollrausch
Absatz 1: Wer sich vorsätzlich oder fahrlässig durch alkoholische Getränke oder andere berauschende Mittel in einen Rausch versetzt, handelt ordnungswidrig, wenn er in diesem Zustand eine mit Geldbuße bedrohte Handlung begeht und ihretwegen gegen ihn keine Geldbuße festgesetzt werden kann, weil er infolge des Rausches nicht vorwerfbar gehandelt hat oder weil dies nicht auszuschließen ist.

Finger weg vom Kreuz

§ 125 Benutzen des Roten Kreuzes oder des Schweizer Wappens
Absatz 1: Ordnungswidrig handelt, wer unbefugt das Wahrzeichen des Roten Kreuzes auf weißem Grund oder die Bezeichnung „Rotes Kreuz" oder „Genfer Kreuz" benutzt.
Absatz 2: Ordnungswidrig handelt auch, wer unbefugt das Wappen der Schweizerischen Eidgenossenschaft benutzt.

Verkleidungsverbot als Pfarrer oder Krankenschwester

§ 126 Missbrauch von Berufstrachten oder Berufsabzeichen
Absatz 1: Ordnungswidrig handelt, wer unbefugt
1. eine Berufstracht oder ein Berufsabzeichen für eine Tätigkeit in der Kranken- oder Wohlfahrtspflege trägt, die im Inland staatlich anerkannt oder genehmigt sind, oder
2. eine Berufstracht oder ein Berufsabzeichen einer religiösen Vereinigung trägt, die von einer Kirche oder einer anderen Religionsgesellschaft des öffentlichen Rechts anerkannt ist.

Aus der Zivilprozessordnung (ZPO)

Wer jemandem Geld schuldet und nicht bezahlen will, muss die sogenannte Eidesstattliche Versicherung über seine Vermögensverhältnisse abgeben. Wer sich weigert, kann zur Erzwingung der Versicherung in Haft genommen werden. Einzelne Berufsgruppen sind dabei privilegiert:

§ Tagende Abgeordnete und Schiffsbesatzungen darf man nicht verhaften. Die einen haben schließlich das Gesetz geschaffen, die anderen sind immer unterwegs.

§ 904 Unzulässigkeit der Haft

Die Haft ist unstatthaft:

1. gegen Mitglieder des Bundestages, eines Landtages oder einer zweiten Kammer während der Tagung, sofern nicht die Versammlung die Vollstreckung genehmigt;

3. gegen den Kapitän, die Schiffsmannschaft und alle übrigen auf einem Seeschiff angestellten Personen, wenn sich das Schiff auf der Reise befindet und nicht in einem Hafen liegt.

§ Beamte, Geistliche und Lehrer darf man nur verhaften, wenn für amtliche Vertretung gesorgt ist

§ 910 Anzeige vor der Verhaftung

Vor der Verhaftung eines Beamten, eines Geistlichen oder eines Lehrers an öffentlichen Unterrichtsanstalten ist der vorgesetzten Dienstbehörde von dem Gerichtsvollzieher Anzeige zu machen. Die Verhaftung darf erst erfolgen, nachdem die vorgesetzte Behörde für die dienstliche Vertretung des Schuldners gesorgt hat.